KB189022

마흔 고비에
꼭 만나야 할 장자

초월적 긍정주의자가 전하는 삶의 지혜

마흔 고비에
꼭 만나야 할 장자

이길환 지음

아든서재

차례

2장 삶의 희망을 찾는 마흔에게

3장 관계의 평화를 원하는 마흔에게

4장 앞만 보며 내달리는 마흔에게

프롤로그

인생은 힘을 뺄수록 뻗어나간다

삶은 간단하지 않습니다. 복잡한 인생길은 평탄하지도 곧지도 않습니다. 그래서 인생은 고통이라고 말하는지도 모르겠습니다. 사람이 겪는 시련은 저마다 경중의 차이가 있지만, 본인이 눈앞에서 겪는 고통이 가장 크다고 느낍니다. 문제를 한 발짝만 떨어져 바라볼 수 있다면, 고통의 응어리를 한 움큼 덜어낼 수 있을 텐데 말입니다.

여기 고통뿐인 것만 같은 인생을 한없이 긍정적으로 살아간 현인이 있습니다. 바로 장자입니다. 장자는 요즘 말로 '정신 승리'의 대가였습니다. 그는 아무리 절망적인 상황에서도 그 이면을 들여다보며 희망을 찾아냈습니다.

『장자』「소요유」편에 나오는 이야기입니다.

어느 날 혜자가 장자에게 말했다.

"나에게 큰 나무 한 그루가 있는데, 사람들은 그것을 가죽나

무라고 부르더군. 줄기에 옹이가 가득하고 가지는 굽어서 높

이조차 제대로 잴 수가 없어. 사람이 다니는 길가에 서있지만,

목수들은 쳐다보지도 않지. 자네가 하는 말도 요란하기만 하

고 쓸모가 없네."

장자가 대답했다.

"자네는 산에 사는 살쾡이라는 녀석을 본 적이 있나? 이리저

리 자유롭게 날뛸 수 있지만, 그만 덫에 걸려 죽는 놈이라네.

또 저 검은 소는 하늘을 드리울 만큼 크지만, 작은 쥐 한 마리

를 잡지 못하지. 자네가 지금 큰 나무가 쓸모없음을 근심하는

데, 어찌 그 나무를 넓은 들판에 옮겨 심고, 그 그늘 밑에서 편

히 쉴 생각은 못 하는가? 그리고 그 나무는 '쓸모없음'으로 인

해 도끼에 찍히거나 해를 당할 일도 없는데, 나무가 괴로울 일

이 있겠는가?"

惠子謂莊子曰 "吾有大樹, 人謂之樗. 其大本擁腫而不中繩墨,

其小枝卷曲而不中規矩, 立之塗, 匠者不顧. 今子之言, 大而無

用, 衆所同去也."

莊子曰 "子獨不見狸狌乎? 卑身而伏, 以候敖者. 東西跳梁, 不
避高下, 中於機辟, 死於罔罟. 今夫斄牛, 其大若垂天之雲. 此能
爲大矣, 而不能執鼠. 今子有大樹, 患其无用, 何不樹之於无何
有之鄕, 廣莫之野, 彷徨乎无爲其側, 逍遙乎寢臥其下. 不夭斤
斧, 物无害者, 無所可用, 安所困苦哉."

나무는 쓸모가 없었기에, 도끼에 찍히는 고통을 겪지 않고 천수를 누렸습니다. 목수 관점에서의 '쓸모없음'이 정작 나무는 생명을 부지하는 신의 한 수가 된 셈입니다.

'러키비키Luckyvicky'
자신에게 일어나는 모든 일은 앞으로 좋은 일이 일어날 징조라고
받아들이는 초긍정주의

최근 한 아이돌의 멤버가 단순한 긍정적 사고를 넘어서는 초월적인 긍정적 사고를 이야기해 화제가 된 바 있습니다. 이른바 '러키비키'. 영어로 행운을 뜻하는 '러키Lucky'와 아이돌 멤버의 영어 이름 '비키Vicky'를 합성한 말로 단어뿐만 아니라 사고방식까지 유명한 밈이 되었습니다.

수천 년 전 초월적 긍정주의자인 장자를 보니 정말 '러키장주'입니다. '장주'는 장자의 본명입니다.

장자 사상의 핵심은 '세상 모든 만물은 상대성에 의해 존재한다. 그러니 이것은 곧 저것이 될 수 있고, 저것은 곧 이것이 될 수 있다.'입니다. 만물의 상대성을 깨닫게 되면 일상에서 겪는 수많은 문제를 손쉽게 해결할 수 있습니다. 상대성의 논리는 같은 상황을 다르게 바라볼 힘이 됩니다. 또, 저마다 타고난 본성을 있는 그대로 인정할 수 있기에 '옳음'과 '그름'의 분별은 사라지고, 다툼의 여지는 줄어듭니다.

또한, 장자는 사고의 범위를 확장해 현상을 한 차원 높은 곳에서 바라봐야 한다고 말합니다. '달팽이 뿔 위에서의 싸움'을 비유하며, 한낱 인간은 무한한 우주에서 먼지와 같은 존재이니, 반목과 질투는 무의미한 일임을 강조합니다.

이렇듯 눈을 감고 장자의 사상을 음미하는 것만으로도 마음속 걱정을 덜 수 있습니다.

마흔에 읽는 장자는 마음의 쉼표와도 같습니다. 모든 일에서 자신만의 노하우를 쌓기 위해 전심전력으로 내달리는 마흔은 몸도 마음도 여유가 없습니다. 초월적 긍정주의를 발현할 작은 틈조차 없습니다. 그런데 이렇게 내달리기만 하다가는 언젠가 방전된 자동차처럼 멈추어 버릴지도 모르겠습니다.

　장자를 만나고 이제는 좀 쉴 수 있습니다. 인생길을 내달리다 막히는 도로를 만나거나 굽이치는 산비탈 길을 만나더라도 괜찮습니다. 아니, 오히려 러키장주입니다. 어쩌면 지금 쉬어가는 이 순간이 몇십 미터 앞의 사고를 피해 가는 행운이 될지 모릅니다. 또, 잠시 고개를 돌려 주위를 살피는 이 순간이 인생의 귀인을 만나는 기회가 될지 모릅니다.

　인생은 열려 있기에, 앞날은 누구도 알지 못합니다. 그 미래를 어떻게 바라보느냐에 따라 삶은 수만 가지 고통으로 채워지기도 하고, 넘치는 행운으로 채워지기도 합니다. 삶의 고난으로 마음속 큰 한숨이 찰 때면, 그 숨을 몰아 내쉬기보다 러키장주를 외쳐봅니다. 그 한마디가 인생의 시련을 딛고 일어설 힘이 되어 줄 겁니다.

마흔의 어느 따스한 봄날
이길환

마음이 어지러운
마흔에게

1장

'이것'은 '저것'이
될 수 있다

세상에 절대적 기준은 없습니다. 누구에게나 주어지는 '시간'조차 중력 앞에서는 상대적으로 흐릅니다. 우주 만물의 이치가 그러하니, 작디작은 존재인 인간이 불변의 기준을 세우기란 불가능합니다.

그런데 인간은 쉴 새 없이 기준을 만들고, 하나의 개념을 세부적으로 나누려고 애씁니다. 조직 대부분은 성장 과정에서 '전문화'라는 명목하에 하나의 업무를 여러 개로 쪼갭니다. 자신이 몸담은 직장만 보더라도, 십 년 전에 한 명이 하던 업무를 지금은 최소 두세 명이 한다는 것을 알 수 있습니다. 업무 단계를 나누고 여러 가지 기준을 만들어 세분화하는 과정을 거치면 어김없이 인력이 부족해집니다.

삶에서도 앎이 어설프면, 조악한 기준을 만들어냅니다.

『장자』「제물론」편에 나오는 이야기입니다.

> 사물은 '저것'이 아닌 것이 없고, 또 '이것'이 아닌 것이 없다. 저것의 관점에서 보면 보이지 않는 것도, 이것의 관점에서는 볼 수 있다.
> 그래서 말하기를 저것은 이것이 있기에 생겼고, 이것은 저것이 있기에 생겼다. 저것과 이것은 서로가 있기에 생겨났다. 그래서 '삶'이 있기에 '죽음'이 있고, 죽음이 있기에 삶이 있다. 마찬가지로 '가능'이 있기에 '불가능'이 있고, 불가능이 있기에 가능이 존재한다. '옳은 것'으로 말미암아 '그른 것'이 있고, 그른 것으로 말미암아 옳은 것이 있다.

> 物無非彼, 物無非是. 自彼則不見, 自是則知之. 故曰 彼出於是, 是亦因彼.
> 彼是方生之說也, 雖然, 方生方死, 方死方生, 方可方不可, 方不可方可. 因是因非, 因非因是.

수천 년 동안 성인으로 추앙받는 장자는 이것과 저것을 구분하는 것이 무의미하다고 말합니다. 하나의 사물은 이쪽에서 보면 이렇고, 저쪽에서 보면 저렇습니다. 그래서 한쪽 면만 본 사람은 이면을 알지 못하기에, 자기가 본 것만이 실체라고 주장합니다. 이쪽에서 보든 저쪽에서 보든, 모두 다 같은 것인데 말입니다.

무엇이든 기준을 세우고 나누려는 마음은 세상의 이치가 '상대성'에 있다는 점을 간과하기 때문에 생겨납니다. 하나를 나눠 둘로 만들면 그 둘이 다르다고 여깁니다. 장자가 말한 것처럼 이것을 이것으로 보는 이가 있는가 하면 저것으로 보는 이가 있고, 어쩌면 전혀 다른 '무언가'로 보는 이가 있습니다. 그러니 하나를 나누는 일은 또 하나의 상대성을 가진 존재를 만드는 일일 뿐입니다.

아이러니하게도 이것과 저것의 구분이 모호할수록 상황은 명확해집니다. 기준은 또 다른 면을 만들어내고, 우리는 늘어난 이면에 혼란스럽기만 합니다. 나날이 복잡해지는 세상은 전문화라는 구실로 갖가지 기준을 만들며 선 긋기에 바쁩니다. 그 하찮은 선 하나로 같은 것을 다르게 보려고 부단히 애쓰는 것입니다.

이것과 저것의 구분이 무의미하다는 것을 깨닫는 순간, 선 긋기를 멈출 수 있습니다. 여전히 선 긋기를 좋아하는 마흔은 마음의 지우개를 들고 조악한 기준을 없애기 위한 준비를 해야 합니다.

　남이 그럴싸하게 말하는 그것은 이미 내가 가지고 있다는 사실을, 반대로 내가 공연히 자랑하는 그것이 사실은 남에게도 있다는 것을 알아야 합니다. 결국 기준을 버리고 선을 없애면 '비교'라는 인생의 굴레에서 벗어날 수 있습니다.

　그렇게 그동안 무수히 그어놓은 선을 하나둘 지우자, 이것은 비로소 저것이 됩니다.

마흔에 걷는 도의 길

•

속이 비어있는 빨대를 여러 각도에서 바라봅니다. 먼저, 빨대를 책상에 세워두고 위에서 아래로 내려다봅니다. 눈에 들어오는 모양은 속이 빈 동그라미입니다. 이번에는 빨대를 정면에서 바라봅니다. 길쭉한 직사각형이 눈에 들어옵니다. 마지막으로 빨대를 책상에 눕혀놓고 대각선에서 바라봅니다. 눈에 들어오는 것은 속이 비어있는 원기둥입니다.

빨대는 보는 위치에 따라 동그라미와 직사각형, 그리고 삼차원의 도형이 됩니다. 그러니 '빨대는 어떤 모양인가?'라는 단순한 질문조차도 정답이 없습니다. 빨대, 동그라미, 직사각형, 원기둥은 모두 하나입니다. 이처럼 이것이 저것이 되고 저것이 이것이 되는 이치는 대상을 가리지 않습니다.

때론 값비싼 외제 차가 부럽기도 합니다. 제조사 엠블럼에 고정된 사고에서 벗어나 자동차를 그저 '탈 것' 또는 '이동 수단'이라는 범주로 분류합니다. 그러자 '이것'과 '저것'의 구분은 사라지고 출근길 시야에 들어오는 모든 자동차가 같아보입니다. 더는 부러움의 이유를 찾을 수 없게 됩니다.

마흔에는 그동안 명확하다고 여겼던 기준을 버리고 세상을 선명하게 바라보려고 노력합니다.

있는 그대로를 받아들이면
선명해진다

날씨가 제법 쌀쌀해져 자동차 공조기의 온도를 높입니다. 그런데 따뜻함을 느끼는 것도 잠시, 곧 앞 유리에 김이 서리기 시작합니다. 바깥 온도와 실내 온도의 차이가 급격히 벌어지자, 유리에 결로현상이 생긴 것입니다. 허둥대는 사이, 뿌옇게 흐려지기 시작하던 앞 유리는 순식간에 시야를 가립니다. 추위를 인위적으로 따뜻하게 만들자, 세상이 흐려집니다.

우리는 일신의 안락함을 위해 삶 곳곳에 인위를 가합니다. 자연의 변화를 있는 그대로 받아들이지 못하고 추위를 더위로, 더위를 추위로 바꿉니다. 계절을 자연스럽게 맞이하지 못하는 몸은 각종 이상징후를 보입니다. 요즘 사람들 중 열에 아홉이 앓는다는 '비염'

이나 '안구 건조증'은 안락함을 쫓는 인간들이 만들어낸 질병인 셈입니다.

『장자』「인간세」편에 나오는 이야기입니다.

> '지리소'란 사람이 있었다.
>
> 턱은 배꼽까지 내려와 있고 어깨는 머리보다 높이 솟아 있으며, 목뒤 쪽의 상투는 뾰족하여 하늘로 향해 있는데 오장은 머리 위에 붙어 있고 허리는 두 넓적다리에 사이에 있는, 몰골이 사나운 꼽추였다. 하지만 바느질이나 빨래질로 입에 풀칠하기에 어렵지 않았고, 키질을 해서 열 식구를 잘 먹여 살릴 수 있었다.
>
> 나라에서 전쟁이 일어나 징병할 땐 팔을 내저으며 한가하게 노닐었고, 나라에서 부역을 명할 땐, 그는 몸이 성치 않아 면제를 받았으며, 나라에서 병자에게 구호미를 줄 때면, 삼종의 쌀과 열 단의 나무를 받았다.
>
> 이같이 흉측한 몰골을 한 자가 그 몸을 잘 보양하면 오히려 천명대로 살 수 있는 것이다. 하물며 지혜를 버리고 소박과 천진으로 되돌아간다면, 도에 가까워질 수 있는 것이다.

支離疏者, 頤隱於臍, 肩高於頂, 會撮指天, 五管在上, 兩髀爲
脇. 挫鍼治繲足以餬口, 鼓筴播精, 足以食十人. 上徵武士, 則支
離攘臂而遊於其間. 上有大役, 則支離以有常疾不受功. 上與病
者粟, 則受三鍾與十束薪.

夫支離其形者, 猶足以養其身, 終其天年, 又況支離其德者乎.

지리소는 흉측한 몰골로 태어났습니다. 흉측하다고 표현했지만, 장자의 논리에 의하면 번듯한 누군가와 비교했을 때만 그런 판단이 가능합니다. 지리소를 두고 본다면 태생이 그러하니, 그 모습이 '있는 그대로의 자연스러움'입니다. 지리소는 남과 다른 자기 모습에 좌절하지 않았습니다. 오히려 자기가 할 수 있는 일을 하며 주어진 삶에 최선을 다합니다.

만약, 지리소가 자기 모습을 받아들이지 않고 매일 좌절과 원망 속에서 살아갔다면, 그의 인생은 어떻게 흘러갔을까요? 아마도 남과 자신을 비교하며, 그들을 따라 하려고 굽은 허리를 무리해서 펴고 몸에 맞지 않는 걸음을 걸으려 했을 겁니다. 결국, 할 수 있는 일조차 하지 않고 평생 불행한 삶을 살았을 테죠.

자연이 부여한 생명과 일어나는 현상에는 '틀림'이 없습니다. '다름'만이 있을 뿐입니다. 그것들을 있는 그대로 받아들이지 않고 인위를 가할 때, 뭔가 탈이 나는 법입니다. 혹시 지금 무리해 가며 바꾸려 하는 무언가가 있지는 않은지 자신을 되돌아봐야 합니다.

뿌옇게 흐려진 차 앞 유리를 바라봅니다. 정신을 차리고 급하게 창문을 내려 바깥 온도와 실내 온도를 가까스로 맞춥니다. 그러자 언제 그랬냐는 듯이 유리에 서린 김이 사라집니다. 계절의 변화를 안팎으로 느끼자, 시야를 가리던 잡념이 사라지고 정신이 맑아집니다. 아마도 선선한 공기가 출근길 몽롱한 정신을 깨워준 덕분일 겁니다. 그렇게 오늘은 창문을 조금 연 채로 운행해 봅니다. 찬 기운이 불편한 것은 아주 잠시뿐, 이십여 분을 주행하는 동안 진정한 안락함을 만끽합니다.

추운 날은 추운 것이, 더운 날은 더운 것이 자연스럽습니다.
이제는 타고난 모습을 사랑하고, 자연의 변화를 인정하는 마음가짐으로 살아갑니다. 그런 날들이 쌓여 어느덧 내 마음에 서린 뿌연 안개를 거두기를 소망해 봅니다.

마흔에 걷는 도의 길

●

마음이 혼란스러울 땐, 무작정 밖으로 나가 걷습니다. 걸음을 따라 몸은 흔들리지만, 잡념 한두 가지 정도는 덜어낼 수 있기 때문입니다. 역시나 오늘도 걷기를 멈추지 않습니다. 그러다가 우연히 고개를 돌려 한 가게 앞 거울을 바라봅니다. 그리고 그 속에 들어앉은 내 모습을 잠시 뜯어보기 시작합니다.

'아, 이런 몰골을 하고 있었구나.'

그다지 잘나지 않은 외모인 줄은 알았지만, 치장하지 않은 모습은 역시나 볼품없었습니다. 하지만 자세히 보니, 걷기에는 안성맞춤이었습니다. 너무 크지 않은 키, 탄탄한 허벅지, 적당한 크기의 발까지 말입니다. 타고난 모습을 받아들이고 나니, 큰 잡념 하나를 덜어낸 기분입니다.

사람은 저마다 타고난 모습이 있습니다. 그리고 있는 그대로를 인정하고 사랑할 때, 가장 아름다운 모습으로 살아갈 수 있습니다. 걸음 끝에 다다라서 아내와 아이를 마주합니다. 그리고 소중한 사람을 따뜻하게 안을 수 있는 두 팔과 넓은 가슴을 가졌다는 사실에 감사함을 느낍니다.

남이 아닌 자기의 즐거움에
즐거워야 한다

요즘 유행하는 패션을 잘 이해하지 못할 때가 있습니다. 보는 순간 머리 위로 물음표가 뜨는 옷들을 볼 때면, 다가가서 어디 한군데는 매무새를 가다듬어 주고 싶습니다.

그러고 나서 거울 속 내 모습을 봅니다. 마흔의 눈에는 편안해 보이는 옷이긴 합니다. 아마도 그 익숙함은 일상의 많은 시간을 치장하는 데 쏟던 이십 대에 굳어진 유행들입니다. 점점 챙겨야 할 것들이 늘어나면서 유행에 둔감해지다 보니, 집안 옷가지들은 십여 년 전 스타일에 머물러 있습니다.

그런데 '유행을 좇아 입게 된 옷들이 과연 내가 정말 좋아하는 스타일인가'라는 의문이 듭니다. 그리고 그 어떤 외부의 휘둘림 없이 좋아하는 색, 품, 선호하는 소재는 무엇인지 생각해 봅니다.

『장자』「변무」편에 나오는 이야기입니다.

내가 말하고자 하는 훌륭함은 인의를 말하는 것이 아니라 자기가 본래 타고난 바를 잘 가꾸는 것이요, 내가 말하고자 하는 훌륭함은 인의를 말하는 것이 아니라 자기 본성의 자연에 맡김을 뜻함이다. 내가 말하고자 하는 '귀 밝다'라는 것은 자기 밖을 듣는 것이 아니라 자기 내부의 소리를 듣는 것을 말하는 것이요, 내가 말하고자 하는 '눈 밝다'라는 것은 자기 밖을 보는 것이 아니라 자기 내부의 본성을 보는 것을 말하는 것이다.

만약 자기 본성은 보지 못하면서 남의 것을 본다든지, 자기 스스로는 얻지 못하면서 남들을 얻게 하려는 사람은 곧 자기를 버리고 남을 본받자는 사람이거늘, 그들은 남의 만족을 자기의 만족으로 알고 자기의 만족을 만족으로 여기지 않는 사람이며, 남의 즐거움을 자기의 즐거움으로 여겨 자기의 즐거움에 즐거워할 줄 모른다.

吾所謂臧者, 非仁義之謂也, 臧於其德而已矣, 吾所謂臧者, 非所謂仁義之謂也, 任其性命之情而已矣, 吾所謂聰者, 非謂其聞彼也, 自聞而已矣, 吾所謂明者, 非謂其見彼也, 自見而已矣.

夫不自見而見彼, 不自得而得彼者, 是得人之得而不自得其得者也, 適人之適而不自適其適者也.

장자가 말하는 '눈 밝음'과 '귀 밝음'은 오로지 자기의 내면을 보고 듣는 것이었습니다. 2천5백 년 전 사람들도 지금의 우리와 별반 다르지 않았나 봅니다. 남을 따라 하느라 정작 자기 본성을 잊고 지내는 사람들의 모습에 장자는 가슴 아파합니다. 그리고 수없이 강조합니다. 훌륭함을 찾는 근원도, 만족을 찾는 근원도, 즐거움을 찾는 근원도 자기 자신이어야 한다고 말입니다.

아무리 눈에 거슬리는 것도 미디어에 수없이 노출되면 유행이 되는 시대입니다. 자기 밖의 소리를 듣고 자기 밖을 보는 사람들은 유명인이 입은 옷, 먹은 음식, 집에 들인 가구를 실시간으로 검색합니다. 그렇게 자기의 것이 아닌 남의 것을 찾아 나서다 보면, 정작 자기가 좋아하는 것은 무엇인지 잊게 됩니다. 공자가 말한 '불혹', 즉 그 어떤 유혹에도 흔들리지 않는 마흔을 위해서는 자기 내면에 집중해야 합니다.

손가락을 조금만 놀려도 원하는 정보를 얻을 수 있는 세상입니다, 심지어 '원할 것 같은 정보'까지도 누군가 쉴 새 없이 스마트폰 화면에 띄워줍니다. 그러니 멍한 정신으로 스마트폰을 바라보다가는 어느새 자신이 찾아 나선 정보가 무엇인지 잊어버리게 됩니다. 처음 검색창에 넣었던 검색어와 몇 분 뒤의 스마트폰 화면이 열에 아홉은 다릅니다. 이렇듯 넘쳐나는 유혹 거리에 정신을 뺏기지 않으려면, 마음을 단단히 고쳐먹어야 합니다.

자기 모습부터 '진짜' 원하는 모습으로 가꾸어 나가야 남에게 휘둘리지 않는 일상을 만들 수 있습니다. 그렇게 본성을 따르는 삶을 살면, 더 이상 유행을 좇지 않게 됩니다. 좋고 나쁘고, 아름답고 추하고, 귀하고 천하고의 구분이 없어지기에 더 이상 누군가의 모습을 평가할 이유가 사라지게 됩니다.

아침 출근 준비를 마치고 거울에 비친 내 모습을 바라봅니다. 그리고 눈을 감고 잠시 내면의 소리에 귀 기울입니다. 그러자 그동안 아주 미미하게 들려오던 목소리가 증폭되어 내 머릿속을 가득 메웁니다.

'내가 좋아하는 일들로 가득한 하루를 보내자'

어느새 표정은 밝아지고, 심지어 입가에 미소가 지어집니다. 이제 눈을 뜨고 다시 거울을 바라봅니다. 그리고 얼마 전 유행을 좇아 샀던 코트를 벗고, 내가 정말 좋아하는 색감과 알맞은 품의 외투를 찾아 걸칩니다. 몸도 마음도 한결 가벼워집니다.

그렇게 내면의 본성을 되찾고, 남의 즐거움이 아닌 진짜 나의 즐거움을 찾아 나섭니다.

마흔에 걷는 도의 길

•

딸아이의 손에 이끌려 집 앞 문구점에 들렀습니다. 아이는 가게 안의 물건들을 하나하나 뜯어보며 눈을 반짝입니다. 딸아이가 고민 끝에 손에 든 것은 예쁜 무늬의 색종이와 젤리 한 봉지였습니다. 잠시 색종이를 보며 나의 어린 시절을 떠올립니다.

초등학생 시절, 손바닥만 한 색종이를 이리 접고 저리 접으면 어느샌가 학이 되고, 범선이 되고, 비행기가 되는 것이 참 신기했습니다. 그래서 어느 날은 아침을 먹고 난 뒤, 저녁이 될 때까지 한자리에서 종이접기를 한 적도 있었습니다. 종이접기는 순수했던 어린 시절의 큰 즐거움이었습니다.

아이 옆에 가만히 서있다가 손을 뻗어 색종이 한 묶음을 더 집어들었습니다. 색종이 두 묶음, 그리고 젤리 하나를 계산한 뒤 집으로 돌아왔습니다.

인생의 즐거움은 누군가 알려주는 것이 아닙니다. 그리고 거창한 그 무언가도 아닙니다. 순수했던 어린 시절로 돌아가, 내 손으로 집어든 색종이를 접으며 진짜 즐거움을 느껴봅니다.

생각의 자물쇠를 풀어야
도둑맞지 않는다

자식 걱정은 부모가 평생 안고 살아가야 하는 과제입니다. 아흔 살 부모가 집을 나서는 일흔 살 자녀에게 "차 조심하고, 길 건널 때 잘 살피렴." 하고 애정 어린 잔소리를 늘어놓는다는 이야기를 종종 듣습니다. 그런데 때론 걱정이 지나쳐 자녀의 인생을 하나에서 열까지 간섭하려 합니다. 이는 자기 품 안에서 안전하게 자녀를 키우려는 부모의 욕심입니다.

그런 부모 밑에 자란 사람은 남의 말에 쉽게 휘둘립니다. 소위 누군가에게 '가스라이팅'을 당하면 여러 가지 대안을 두고 생각할 여유가 없기에, 한번 휘둘린 마음은 좀처럼 제자리를 찾지 못합니다. 그렇게 스스로 위험을 감지하지 못한 채, 점점 더 수렁에 빠져 버립니다.

자녀라는 금은보화를 도둑맞지 않기 위해 금고에 넣어둔다 한들, 금고를 통째로 들고 달아날 도둑을 만나면 아무런 소용이 없습니다.

『장자』 「거협」 편에 나오는 이야기입니다.

> 남의 상자를 열고 자루를 뒤지며 궤를 여는 도둑을 대비하려고 사람들은 노끈으로 꼭 매고, 자물쇠를 단단히 채워 두기 마련이다. 이것이 세상 사람들이 말하는 지혜이다.
>
> 그러나 큰 도둑을 만나면 그 궤와 자루를 송두리째 등에 메고 달아나면서 노끈이나 자물쇠가 단단하지 못할까 봐 오히려 염려한다. 그렇다면 세상 사람들이 말하는 지혜로운 사람은 결국 큰 도둑을 위해 재물을 모아둔 것에 지나지 않는가?
>
> 그렇다면, 세상에서 흔히 말하는 지혜로운 사람은 큰 도둑을 위해 재물을 모아두는 사람이 아닌가?

> 將爲胠篋探囊發匱之盜而爲守備, 則必攝緘縢固扃鐍, 此世俗之所謂知也?
>
> 然而巨盜至, 則負匱揭篋擔囊而趨, 唯恐緘縢扃鐍之不固也?
>
> 然則鄉之所謂知者? 不乃爲大盜積者也?

장자는 물건을 상자 속에 넣어 자물쇠로 걸어 잠그는 일은 도둑에게 바칠 재물을 모으는 일이라고 말합니다. 힘이 센 도둑은 금고 문을 열 필요 없이 통째로 들고 달아나면 그만입니다.

재물뿐 아니라 지혜도 마찬가지입니다. 편협한 생각은 더 큰 생각에 고스란히 흡수되어 사라집니다. 그러니 생각의 크기를 키워야 '누군가에게 생각을 도둑맞는 일'을 막을 수 있습니다.

자녀에게 한 가지 길만 제시하고 따르기를 바라는 것은 금세라도 도둑맞을 지혜를 일러주는 일입니다. 생사를 결정짓는 위험한 상황이 아닌 이상 언제든 자녀의 선택을 존중해야 합니다. 어떤 길을 선택하든 그 과정에서 얻은 다양한 지혜가 모여 결국 더 큰 지혜를 만들어냅니다.

자녀뿐만 아니라 내 생각도 이유 없는 자물쇠로 잠가버린 건 아닌지 생각해 봅니다. 사십 년을 살며 굳어버린 생각은 앞으로 마주칠 큰 도둑에게 바칠 재물일 테니 말입니다. 단단하게 걸어 잠글수록 온전히 도둑맞습니다.

집에서 회사까지 가는 여러 가지 길이 있습니다. 각각의 길은 걸리는 시간만 다를 뿐, 회사라는 최종 목적지는 같습니다. 그런데 지금껏 십 년 넘게 오직 한 길로만 다녔습니다. 굳어버린 습관은 다른 길이 있다는 사실조차 잊게 했습니다.

하루는 늘 다니던 길에 사고가 나 도로가 통제되는 일이 생겼습니다. 십여 년 동안 오직 하나였던 출근길이 막히자, 돌아가는 길을 제때 찾지 못해 당황했습니다. 도로가 막히는 사건이 '도둑'이 되어 출근길을 통째로 훔쳐 가버렸습니다.

열린 사고가 가능해야 누구도 훔쳐 갈 수 없는 단단한 인생을 만들 수 있습니다. 그러니 긴 인생을 살아가며 사고의 범위를 확장하려고 노력해야 합니다. 그 누구도 감히 넘볼 수 없는 '사고의 영역'을 만들면, 아니 '영역'이라는 한계선조차 잊게 된다면 그 어떤 분쟁도, 다툼도 사라질 것입니다.

마흔에 걷는 도의 길

•

열 가구가 모여 사는 작은 마을에서 귀중품을 지키는 가장 현명한 방법은 무엇일까요?

먼저, 튼튼한 금고를 만들어 귀중품을 넣어두고, 아무에게도 그 존재를 말하지 않는 방법을 생각해 볼 수 있습니다. 하지만 누군가 금고의 비밀번호를 알아내거나, 통째로 금고를 들고 달아나 버리면 소용없는 일입니다. 더군다나 그 물건을 본 사람이 없으니 본래 주인의 눈에만 띄지 않으면, 훔친 사람은 그것을 자기 것 마냥 몸에 두르고 다닐 수도 있습니다.

오히려 귀중품의 존재를 마을 사람 모두에게 공연히 드러내고, 물건의 주인이 누구인지 확실하게 각인시키는 것이 현명합니다. 누군가 물건을 훔쳐 가더라도, 마을 사람들은 본래 주인이 있는 물건을 가진 그 사람을 의심할 것이기 때문입니다. 그렇게 되면, 누구도 물건을 훔칠 생각을 하지 못하게 됩니다.

마흔에는 생각의 자물쇠를 풀고 끝없이 팽창하는 우주처럼 열린 마음으로 살아갑니다. 그 누구도 훔칠 수 없는 단단한 인생을 만들기 위해서 말입니다.

꽃이 살아있음을
확인하는 방법

눈앞의 사물이나 현상은 진짜일 수도 가짜일 수도 있습니다. 먹음직스러워 '보이는' 음식은 실은 겉모습만 그럴싸할 수 있습니다. 그 진위를 확인하는 방법은 간단합니다.

'한 입 베어 물면 됩니다.'

마찬가지로 온도를 알 수 없는 유리잔 속 음료수도 한 모금 들이켜면 차가운지 따뜻한지 금세 체감할 수 있습니다. 이렇듯 진위를 확인하는 저마다의 직관적인 방법이 있습니다.

『장자』「제물론」편에 나오는 이야기입니다.

남곽자기가 하늘을 바라보며 한숨을 내쉬는데 그 모습이 마치 자신의 형태마저 잊은 듯했다. 안성자유가 시중을 들며 그 앞에 서있다가 말했다.

"어찌 그러하십니까? 지금 모습은 마치 나무와 같고, 마음도 불 꺼진 재와 같습니다. 오늘은 평소와 다른 모습이군요?"

남곽자기가 말했다.

"자유야, 지금 내가 자신을 잊고 있었다는 것을 알았느냐? 너는 사람들이 내는 소리를 들었겠지만, 땅이 내는 소리는 듣지 못했을 것이야. 땅이 내는 소리를 들었다 해도 하늘이 내는 소리는 듣지 못했을 것이고!"

南郭子綦隱机而坐, 仰天而噓, 嗒焉似喪其耦.

顔成子游立侍乎前, 曰 "何居乎? 形固可使如槁木, 而心固可使如死灰乎? 今之隱机者, 非昔之隱机者也."

子綦曰 "偃, 不亦善乎? 而問之也! 今者吾喪我, 汝知之乎? 汝聞人籟而未聞地籟, 汝聞地籟而未聞天籟夫!"

장자는 사람이 들어야 하는 소리를 '사람의 소리', '땅의 소리'. 그리고 가장 높은 경지인 '하늘의 소리'로 구분합니다. 그 의미를 정확하게 알지는 못하지만, '하늘의 소리'를 말 그대로 해석해 우주 만물의 근원인 '자연의 소리'로 이해해 봅니다. 사람의 해석이나 인위적인 조작이 가해지지 않은 순수한 자연이 내는 소리라고 말입니다.

하루는 아이와 식당에 들렀습니다. 아기자기한 장식이 적절하게 배치된 분위기 좋은 공간이었습니다. 자리를 잡은 테이블 위에는 작은 꽃병이 하나 놓여 있었습니다. 그리고 그 꽃병에는 이름 모를 꽃 한 송이가 꽂혀 있었습니다. 우리 둘은 말없이 예쁜 꽃을 바라보았습니다. 서로의 짧은 감상이 끝난 뒤, 아이에게 물었습니다.

"채원아, 꽃이 참 예쁘네. 그런데 이 꽃은 진짜 꽃일까?"

나의 물음에 아이는 눈을 동그랗게 뜨고 고개를 갸웃거렸습니다. 그래서 한마디 덧붙였습니다.

"때론, 꽃이 시드는 걸 마음 아파하는 사람들이 꽃이랑 똑같이 생긴 모형을 만들어서 꽂아두기도 하거든."

그제야 아이는 아빠의 물음을 이해했다는 듯 대답했습니다.

"그럼, 직접 확인해 보면 되겠네."

아이는 말을 마치자마자, 꽃이 살아있는지를 확인하기 위해 행동에 나섰습니다. 아마도 꽃을 향해 손을 뻗어 꽃잎의 살아있는 촉감을 느끼려는 모양이었습니다. 그런데 아이는 꽃을 향해 손을 뻗는 대신 얼굴을 바짝 대는 것이었습니다. 그리고 눈을 감고 숨을 한번 크게 들이마셨습니다. 입은 닫고 오로지 코로만 말입니다.

"아빠, 이 꽃 진짜 꽃이야! 향기가 너무 좋아."

그랬습니다. 아이는 꽃의 생명력을 향기로 확인했습니다. 어쩌면 꽃은 자신의 살아있음을 향기로 느끼고 기뻐해 준 아이에게 고마움을 느꼈을지 모릅니다. 여느 꽃이라면 자신의 아름다움을 색과 모양뿐 아니라, 고유의 향기로 세상에 전하고 싶었을 겁니다.

장자가 말한 '하늘의 소리'는 거창한 그 무언가가 아닌, 꽃의 향기에 반응하는 아이의 순수함에서 찾을 수 있습니다. 눈을 감고 꽃향기를 맡는 아이는 자연과 소통하며 자신의 존재를 잊고 있었습니다.

눈길을 끄는 아름다움을 때론 다른 시선으로 바라보고, 확인해보면 어떨까요? 나이를 먹어가며 '속세의 소리'만 들으려고 하는 건 아닌지 반성해 봅니다.

눈에 보이는 아름다움만이 '진짜'가 아닙니다. 오히려 겉만 번지르르한 것은 남의 이목을 끌기 위한 '가짜'일 수 있습니다. 그럴 땐 눈을 감고 숨을 크게 들이켜 고유의 향기를 느껴봅니다. 은은하고 깊은 향이 코끝에 전해진다면 그것은 분명 '진짜'일 테니 말입니다.

마흔에 걷는 도의 길

•

중요한 것을 중요하게 여기는 방법은 겉을 돌보는 것이 아닙니다. 눈에 보이지 않는 핵심을 찾아 마음을 다해 보듬을 줄 알아야 합니다. 이제는 아침에 일어나서 출근 준비를 하며 머리를 만지고 옷을 고르는 시간을 줄입니다. 대신, 아내와 아이의 얼굴을 한 번 더 보고 대화를 나눕니다.

그런 날들이 쌓이자, 아침 집안 공기가 달라졌습니다. 일분일초를 다투며 조급했던 예전과 달리 가족이 서로 눈을 맞추며 여러 가지 이야기를 합니다. 딸아이의 어젯밤 꿈 이야기를 들으며 웃기도 하고, 아내와 저녁 메뉴를 정하며 기분 좋은 퇴근을 상상하곤 합니다.

사실, 그날그날 입는 옷과 머리 스타일은 남이 신경 쓰는 것이 아닌 내가 신경 쓰는 것들입니다. 그러니 내 마음만 고쳐먹으면, 그런 것들은 쉽게 포기할 수 있습니다.

이렇게 마흔에는 눈을 감고 꽃향기를 맡듯, 중요한 것을 중요하게 여기는 방법을 배워갑니다.

마음의 일렁임을
멈추어라

감정이 고조된 상태로 어떤 일을 하다 보면, 정말 어처구니없는 실수를 하게 됩니다.

정신없는 출근 준비 중에 눈앞의 스마트폰을 찾지 못해 당황한 경험이 있지 않나요? 여러 사람 앞에서 중요한 발표를 하다가 긴장한 나머지 숫자를 뒤죽박죽 읽기도 합니다. 또, 운동 경기 중에 감정이 격해져서 제 실력을 발휘하지 못하기도 합니다. 차분함을 잃는 순간, 지극히 간단한 일도 넘기 힘든 벽처럼 느껴집니다.

『장자』「달생」편에 나오는 목계木鷄 이야기입니다.

> 닭싸움을 좋아하는 주나라 선왕이 싸움닭을 잘 훈련하기로

어느 날 왕이 '기성자'라는 이름난 이를 불러 싸움닭을 훈련하도록 명했다. 기성자가 닭을 훈련한 지 열흘이 지나자, 왕이 찾아와 물었다.

"이제 훈련이 다 되었는가?"

기성자가 대답했다.

"아직 한참 멀었습니다. 자기 기량만 믿고 사납게 날뜁니다."

다시 열흘이 지난 뒤 왕이 찾아와 물었다.

"이제는 훈련이 다 되었는가?"

기성자가 다시 대답했다.

"아직도 멀었습니다. 다른 닭의 울음소리나 그림자만 봐도 흥분하여 달려들기에 바쁩니다."

또 열흘이 지나 왕이 기성자를 찾아와 재차 물었다. 기성자가 답했다.

"아직입니다. 흥분하여 달려들지는 않지만 적을 노려보며 기운을 감추지 못합니다."

다시 열흘이 지나자 마침내 기성자가 왕에게 말했다.

"이제 훈련이 다 되었습니다. 상대가 소리를 지르며 덤벼들어도 조금도 동요하지 않습니다. 마치 나무로 만든 닭과 같아 다른 닭들이 그 모습에 겁을 먹고 도망칩니다. 이제 그 어떤 닭과 싸워도 이길 것입니다."

紀渻子爲王養鬪雞. 十日而問 "雞可鬪已乎?"

曰 "未也. 方虛憍而恃氣."

十日又問. 曰 "未也. 猶應嚮景."

十日又問. 曰 "未也. 猶疾視而盛氣."

十日又問. 曰 "幾矣. 雞雖有鳴者 已無變矣. 望之似木雞矣. 其
德全矣. 異雞無敢應 見者反走矣."

　진정한 고수는 흥분하지 않습니다. 어떤 상황에서도 마음의 평
정을 유지한 채 주변을 두루 살핍니다. 때론 목계처럼 차가운 머리
와 가슴을 지녀야 합니다. 혈기 왕성한 마흔은 더더욱 말입니다.
눈앞에 닥친 일을 열정적으로 대하는 것도 중요하지만, 진정한 고
수로 거듭나려면 흥분을 가라앉히고 뒤로 물러서는 지혜가 필요
합니다. 한발 물러남으로써 큰 도약을 위한 힘을 모으고, 안전하게
착지할 곳을 가늠해 볼 수 있습니다.

　기성자가 승률 백 퍼센트를 장담하며 훈련한 싸움닭의 마지막
비기는 바로 '침착함'이었습니다. 차분함을 넘어 나무처럼 움직임
조차 없는 경지. 그런데 일단 목계를 따라하자니 움직이지 않고 고
요하게 있을 시간이 없습니다. 해야 할 일, 하고 싶은 일, 가고 싶은

곳, 만나야 하는 사람 등. 조금이라도 멈추면 그 모두를 해낼 수 없습니다. 그러니 목계처럼 살려면 삶을 가볍게 하고, 쉬는 일에 적극적으로 노력해야 합니다.

차분함을 유지하려면 자신의 말버릇도 점검해 봐야 합니다.

"큰일 났다."라는 말을 입버릇처럼 하던 때가 있었습니다. 작은일, 큰일 구분 없이 습관적으로 "큰일 났다."를 연신 읊조렸습니다. 큰 의미 없이 튀어나온 그 말은 마법의 주문처럼 모든 일을 수렁에 빠뜨렸습니다. 목계는커녕 쉴 새 없이 잰걸음을 놓는 정신 사나운 닭이 되고 만 것입니다.

장자를 만난 이후로 어떤 일이 닥치든 "큰일 났다."라는 말을 내뱉는 대신 "음." 하고 짧은 탄성을 지릅니다. 그러자 눈앞에 가지런히 놓인 스마트폰이 보이고, 보고서에 또렷이 찍혀 있는 숫자가 보이기 시작합니다.

마흔에 걷는 도의 길

•

요즘 테니스에 푹 빠져있습니다. 공이 라켓 그물에 찰지게 맞아떨어지는 느낌이 아주 통쾌합니다. 나름 적정한 기간의 레슨을 받고, 이제는 구력이 비슷한 지인과 간단한 게임을 하곤 합니다. 그런데 늘 한 끗 차이로 패배를 맛보니, 경기 시작 전의 설렘은 종국에는 아쉬움으로 변하기 일쑤입니다.

하루는 지인과의 경기에 관중이 한 명 생겼습니다. 지긋한 나이에 동네 테니스계 숨은 고수인 듯한 기운을 내뿜는 분이셨습니다. 경기를 한참 지켜보던 그분은 쉬는 시간에 내게 다가와 한마디 건넵니다.

"실수했을 때 속상함이 표정에 그대로 드러나는데요. 그 덕에 상대방이 힘이 나나 봅니다."

순간, '아, 내가 발을 동동 구르며 아쉬워하는 모습이 상대를 춤추게 한 건가?'라는 생각이 머릿속을 스칩니다. 그래서 다음 세트에서는 실수해도 아쉬움 하나 없는 '무표정'으로 대응합니다. 그러자 결과는 놀랍게도 승리!

자신의 실수를 되짚어 보는 과정은 성장을 위한 발판이 됩니다. 하지만 실수한 행위 그 자체에 몰입하여 지나치게 후회한다면 더 이상 앞으로 나아갈 수 없습니다.

때론 아쉬움을 애써 감추는 '가짜 표정'이 필요합니다. '가짜 표정'은 자신에게는 실수를 딛고 일어설 수 있는 용기를 주고, 경쟁상대에게는 '무너지지 않는 당당함'을 보여줄 테니 말입니다.

오늘도 그렇게 마음의 일렁임을 멈추고, 목계처럼 살아갑니다.

멀리서 봐야
크게 볼 수 있다

"사람은 큰물에서 놀아야 하는 법이지."

이 말은 '사람은 넓은 세상에서 많은 것을 경험해야 성장을 이룰 수 있다'라는 의미로 쓰입니다. 인생에서 돈을 많이 벌고, 명예를 얻는 것을 성공으로 여긴다면 되도록 큰물에서 노는 게 맞습니다. 그런데 지금 누리는 일상을 잘 챙기고자 마음먹은 내겐 다소 거리가 있는 말입니다. 소소한 하루를 잘 살아가는 것만으로도 버겁기 때문입니다.

『장자』「산목」편에 나오는 이야기입니다.

장자가 조릉의 숲속을 거닐다가 괴이하게 큰 새가 저 멀리 날아오는 것을 보았다. 날개의 길이가 사람 키를 훌쩍 넘고 눈 크기는 1촌이나 되는데, 정신없이 장자의 이마를 스치고 밤나무 숲으로 날아가 앉았다.

장자가 말했다.

"저것은 무슨 새인가? 날개는 크면서도 멀리 날지 못하고, 눈은 크면서도 잘 보지 못하는구나."

장자가 새를 잡으려고 다가갔지만 움직임이 없는 것이 이상해 자세히 보니 그 새는 사마귀를 노리고 있었다. 하지만 사마귀는 새의 위협에도 아랑곳 없이 매미 사냥에 정신을 팔고 있었고, 매미 역시 사마귀의 사냥감이 될 줄은 꿈에도 모른 채 그늘에서 더위를 식히고 있었다. 이렇듯 매미, 사마귀, 큰 새는 서로의 먹잇감을 보느라 자신의 위험을 알아차리지 못했다.

장자는 슬퍼하며 말했다.

"아, 만물은 본래 서로 해를 끼치며, 이로움과 해로움은 같이 있는 것이구나."

장자가 깨달은 바가 있어 활을 버리고 숲에서 되돌아 나가는데, 밤나무 숲의 관리인이 남의 숲에 함부로 침입한 장자에게 소리를 치며 쫓아왔다. 장자는 집에 돌아와서 사흘 동안 마음이 좋지 않았다.

莊周遊於雕陵之樊, 覩一異鵲自南方來者. 翼廣七尺, 目大運寸,

感周之顙而集於栗林.

莊周曰 "此何鳥哉, 翼殷不逝, 目大不覩."

蹇裳躩步, 執彈而留之. 覩一蟬, 方得美蔭而忘其身. 螳蜋執翳

而搏之, 見得而忘其形. 異鵲從而利之, 見利而忘其眞.

莊周怵然曰 "噫, 物固相累, 二類召也."

捐彈而反走, 虞人逐而誶之. 莊周反入, 三日不庭.

조릉의 숲에서 눈앞의 일에 매몰된 채 뒤를 보지 못하는 매미, 사마귀, 새, 그리고 장자를 보며 '큰물에서 놀아야 하는 이유'에 대해 다시 한번 생각해 봅니다.

십수 년 전에 읽은 베르나르 베르베르의 『나무』에는 지구에 떨어진 오물에 관한 이야기가 나옵니다. 하룻밤 새 도심 한복판에 거대한 오물이 나타납니다. 그 냄새가 어찌나 심한지 국가 기능이 마비될 정도였습니다. 모든 재원과 기술을 투입해 매끈한 원형 유리틀 안에 오물을 가두자 냄새는 사라졌고, 사람들은 환호를 지르며 기뻐했습니다. 그런데 어찌 된 일인지 순식간에 거대한 유리구슬이 사라지고, 장면은 지구를 넘어 우주로 확장됩니다. 한 외계인이 지구에서 수거한 영롱한 빛깔의 유리구슬을 다른 외계인에게 보여주며 거래하는 장면으로 말이죠. 이야기 속에서 지구는 인고의 시간을 버티며 진주를 만드는 조개와 같았습니다.

사람들은 눈앞의 재앙을 해결하고 기뻐하느라 더 큰 재앙이 뒤따르는 것을 상상할 수 없었습니다. 조릉의 숲에서 뒤를 보지 못하는 매미, 사마귀, 새, 장자와 같이 말입니다.

큰물에서 놀면 그동안 보지 못한 것을 보고, 생각하지 못한 일을 상상하게 됩니다. 그만큼 사람들이 말하는 성공에 가까워집니다. 하지만 큰물에서 꼭 얻어야 할 것은 단순한 인생의 '성공'이 아니라, 눈앞의 일에 매몰되지 않고 평온한 일상을 가꾸는 '지혜'입니다.

인생에서 너무 앞만 보며 내달려서는 안 됩니다. 그리고 눈앞의 일에 온통 정신을 뺏겨서도 안 됩니다. 때론 방향이 잘못된 것은 아닌지, 뒤에 두고 온 것은 없는지 살필 수 있는 여유를 가져야 합니다. 조릉의 숲에서 먹이사슬 속 누구 하나라도 심호흡 한 번으로 주위를 환기했더라면 상황은 달라졌을 겁니다.

일상에서 무언가에 매몰되지 않는 것만으로도 지금보다 더 큰 세상을 볼 수 있습니다. 힘을 빼고 열중하지 않아야 큰물을 만날 수 있다는 게 아이러니하지만, 이런 차이 하나가 목숨을 부지하느냐 못하느냐의 결과를 만듭니다.

마흔에 걷는 도의 길

•

돌아가신 할아버지께서 남겨주신 작은 농지가 있습니다. 원래 논이었던 그 땅에서 할아버지는 수십 년 동안 벼농사를 지었습니다. 은퇴하신 아버지께서 땅을 놀리는 것이 아깝다며 가족들이 먹을 만큼 쌀을 수확하기로 마음먹으셨습니다.

그리고 유월 초가 되자, 지인에게 부탁해 이앙기로 모내기를 하셨습니다. 그런데 모를 다 심은 뒤 아버지께서는 혼잣말을 하셨습니다.

"그래서 그러셨던 거구나."

궁금해서 이유를 묻자, 아버지는 내게 이런 말을 해주셨습니다.

"할아버지께서는 모내기하실 때, 이앙기를 쓰기 전에 항상 모종 몇 줄을 손으로 직접 심으셨어. 왜 힘들게 손으로 하시냐며 내가 몇 번을 만류했었지. 그런데 이제 그 이유를 알겠어. 논이 반듯하지 않아서 기계로만 모내기하면 논 전체에 고루 벼 모종을 심을 수가 없었던 거야. 할아버지께서는 논 전체를 보고 계셨던 거지."

눈앞의 것만 바라봐서는 일상을 빈틈없이 챙길 수 없습니다. 한 발짝 떨어져서 전체를 바라볼 수 있는 지혜를 키워야 반듯하지 않은 농지에 모종을 고루 채워 넣을 수 있습니다.

그래서 마흔에는 뭐든 멀리서 바라봅니다.

자신의 걸음걸이를
수시로 점검하라

기술을 익히는 가장 빠른 방법은 '모방'입니다. 누군가가 이미 만들어놓은 방식을 익히는 것은 같은 출발점에 선 이들 사이에서는 '사기'에 가까운 능력치를 부여받은 것과 같습니다. 그래서 이런 노하우들은 '특허'라는 제도적 장치로 보호됩니다.

『장자』「추수」편에는 사자성어 '한단지보邯鄲之步'의 기원이 되는 이야기가 나옵니다.

> "그대는 저 연나라의 젊은이가 한단에 가서 걸음걸이를 배웠다는 이야기를 듣지 못했소? 그 젊은이는 한단에 가서 걸음걸이를 배우기도 전에 옛 걸음걸이마저 잊어버리고는 바닥을 기

어서 자기 나라로 돌아갈 수밖에 없었소. 지금 그대도 여기를 떠나 돌아가지 않으면 장자의 도를 알기 전에 그대의 본래 지혜를 잃고 결국 그대 자신까지 잃게 될 것이오."

"且子獨不聞夫壽陵餘子之學行於邯鄲與? 未得國能, 又失其故行矣, 直匍匐而歸耳. 今子不去, 將忘子之故, 失子之業."

자신의 걸음걸이를 잊는다는 게 좀처럼 상상이 되질 않습니다. 기괴한 걸음으로 고향으로 돌아갔다는 연나라 청년의 모습은 더더욱이 말입니다. 그런데 정신없이 내달리는 자신을 되돌아보니 연나라 청년의 모습이 어렴풋이 겹쳐 보입니다.

어디서든 인정받고 싶은 마흔은 누구보다 빠르게 달려 목적지를 선점하고 싶습니다. 진득하게 자신만의 노하우를 쌓아 결실을 얻자니 돌아볼 곳도, 취해야 할 것도 많습니다. 나이 들어가는 부모와 하루가 다르게 커가는 자식, 그리고 사는 형편이 눈에 띄게 벌어지는 것만 같은 동료들 사이에서 마음은 점점 조급해집니다.

그래서 남들이 좋다고 연신 홍보하는 것들에 눈길이 갑니다. 고수익을 보장한다는 펀드에 가입하고, 투자 정보를 제공한다는 사이트에 회원으로 등록합니다. 또 자녀 교육에 좋다는 학습지를 찾아보고, 아동 심리 전문가의 강의를 들으며 자녀와 정서적 거리를 좁히려고 노력합니다.

그런데 어느 순간 주위를 돌아보니, 부자연스러운 것투성이입니다. 틈만 나면 주식 시세를 검색하며 스마트폰 화면 속 숫자를 뚫어져라 쳐다봅니다. 그렇게 쳐다본다고 수치가 오를 리가 없는데도 말입니다. 또 자녀의 학업 이해도를 제대로 알지 못한 채, 책상 앞에 앉아있는 아이를 보며 마냥 뿌듯해합니다. 그리고 말을 걸어오는 아이에게 공감의 뜻을 표하며 "우리 아이 마음이 그랬구나."라는 형식적인 말로 대화를 마무리합니다. 모든 것이 부자연스럽습니다.

어쩌면 마흔 길을 걷는 내 발걸음도 연나라 청년처럼 자연스러움을 잃어가는지 모릅니다. 이런 날들이 하루하루 지속되다 보면, 걷는 법을 잊는 날도 머지않았다는 생각이 듭니다.

자연스러운 일상을 꾸려가려면 모든 일의 출발점을 자기 선택과 관심에 두어야 합니다. 혹여 걸음걸이가 부자연스럽다고 느껴진다면, 누군가의 걸음걸이를 무작정 따라 하기 때문입니다. 왼팔을 내저으며 왼발이 따라오지 않도록, 오른팔을 내저으며 오른발이 따라오지 않도록 잘 점검해 봐야 합니다. 나만의 걸음걸이를 되찾고 가볍지만 진중한 한 걸음을 내디뎌 봅니다.

마흔에 걷는 도의 길

●

이솝 우화에는 초원을 뛰노는 말을 부러워한 솔개 이야기가 나옵니다. 솔개는 말의 멋진 자태뿐 아니라 우렁찬 울음소리마저 동경하게 됩니다. 결국, 계속해서 말 울음소리를 따라 하던 솔개는 본래 자기 울음소리를 잃어버리고 맙니다.

지방에서 나고 자란 나는 대학에 진학해서야 서울살이를 시작했습니다. 신입생 시절, 동기나 선배들 사이에서 말할 때면 입에 밴 사투리가 무척 신경 쓰였습니다. 태어나서 처음으로 말의 내용이 아닌 억양과 말투를 신경 쓰다 보니, 대화는 부자연스러웠습니다. 반년 정도 지나자, 사투리는 조금씩 교정되는 듯했습니다.

방학이 되어 잠시 고향에 갔습니다. 그런데 만나는 사람들이 한결같이 이런 말을 했습니다.

"꼭 장난스럽게 사투리 따라 하는 서울 사람 같아."

어설프게 서울말을 따라 하다가 사투리마저 어색해졌습니다. 솔개의 심정이 이해되는 순간이었습니다.

수십 년 동안 몸에 밴 습관은 하루아침에 바꿀 수 있는 것이 아닙니다. 동경의 대상이 기능적으로 더 낫다면 어떻게든 배우려고 노력할 수 있지만, 그렇지 않다면 따라 할 이유가 없습니다.

마흔에는 '따라야 할 이유'가 있는 것만 따라 합니다. 잘 웃고, 잘 울고, 잘 걷는다면 더 이상 그 누구도 따라 하지 않습니다. 그렇게 자신을 인정하기 시작하자, 따라야 할 것들이 점점 사라집니다.

'진짜 지혜'는
말로 전할 수 없다

한 가지 흥미로운 실험을 소개하겠습니다. 학생을 두 그룹으로 나눠 사진 경연대회를 개최했습니다. 일주일 동안 촬영한 사진 중 가장 잘 찍은 사진을 제출해 경연을 벌이는 실험이었습니다. 첫 번째 그룹 학생들에게는 경연 기간 동안 사진을 최대한 많이 찍게 하고, 두 번째 그룹의 학생들에게는 '사진 잘 찍는 방법'에 대한 강의를 듣게 한 뒤, 마지막 하루 동안 사진을 찍도록 주문했습니다. 일주일 뒤, 학생들은 각자 가장 잘 찍은 사진을 한 장씩 제출했습니다. 결과는 어땠을까요? 최우수작은 물론 높은 점수를 받은 작품은 대부분 첫 번째 그룹에 속한 학생들의 사진이었습니다.

'양적 변화가 질적 변화를 가져온다'라는 헤겔의 양질 전환의 법칙처럼 수많은 경험이 깊이를 만드는 법입니다.

『장자』「천도」편에 나오는 이야기입니다.

제나라 환공桓公이 마루 위에서 글을 읽고 있었는데, 마루 아래에서 윤편輪扁이란 자가 수레바퀴를 깎다가 망치와 끌을 내려놓고 올려다보며 물었다.

"감히 여쭙겠습니다. 공께서 지금 읽으시는 책에는 무슨 말씀이 있습니까?"

"성인의 말씀이지."

"그 성인은 지금 살아계시나요?"

"이미 돌아가셨지."

"그렇다면 공께서 읽으시는 것은 옛사람의 찌꺼기로군요!"

"과인이 책을 읽는 것에 대해, 수레바퀴나 만드는 자가 어찌 그리 말하는가! 나를 설득할 수 있다면 괜찮겠지만. 그렇지 못하면 목숨이 위태로울 줄 알아라!"

윤편은 차근히 대답했다.

"저는 제가 하는 일에 비춰보아 경험한 바로 말씀드린 것입니다. 수레바퀴를 깎을 때 느슨하게 깎으면 헐거워서 꼭 맞지 않고, 빡빡하게 깎으면 너무 죄어서 들어가지 않습니다. 느슨하지도 빡빡하지도 않게 깎는 것은 손에 익혀 마음으로 느끼는 일이니, 입으로는 도저히 표현할 길이 없습니다. 거기에는 나름의 비결이 있지만, 이것은 자식에게 가르쳐 줄 수도 없고, 자식도 배울 수 없습니다. 그래서 나이 70이 되어도 여전히 수레바퀴를 깎는 것입니다.

옛날의 성현들도 자기 것을 전하지 못한 채 죽었을 것이니, 공께서 읽으시는 책도 기껏해야 옛날의 성인이 남긴 찌꺼기가 아니겠습니까?"

桓公讀書於堂上, 輪扁斲輪於堂下, 釋椎鑿而上, 問桓公曰 "敢問, 公之所讀者何言邪?"

公曰 "聖人之言也."

曰 "聖人在乎?"

公曰 "已死矣."

曰 "然則君之所讀者, 故人之糟魄已夫!"

桓公曰 "寡人讀書, 輪人安得議乎! 有說則可, 無說則死!"

輪扁曰 "臣也以臣之事觀之. 斲輪, 徐則甘而不固, 疾則苦而不入. 不徐不疾, 得之於手而應於心, 口不能言, 有數存焉於其間. 臣不能以喩臣之子, 臣之子亦不能受之於臣, 是以行年七十而老斲輪. 古之人與其不可傳也死矣. 然則君之所讀者, 故人之糟魄已夫?"

장자는 이 이야기를 통해 성인의 말씀을 모아놓은 책은 한낱 지혜의 찌꺼기에 불과하다고 강조합니다. 그럼, 장자 본인의 책도 찌꺼기에 불과하다고 생각했을까요? 장자라면 충분히 그럴만합니다. 그래서 장자는 책 전반에서 구체적인 명제를 던지는 것이 아닌, 자기 스스로 터득하고 깨우치는 '도의 자기 학습법'에 대해 이야기합니다. 만물의 상대성을 깨닫고, 인위를 거부하며, 자연의 법칙에 따라 삶을 재편성해야 한다고 강조하면서 말입니다. 그리고 그 묘리의 바탕에는 입으로는 표현할 수 없는 '경험'이 있습니다.

사진 경연대회 실험에서 첫 번째 그룹의 학생들은 사진 찍는 법에 대한 강의를 듣지 않았습니다. 일주일 동안 수십 장에서 많게는 수천 장의 사진을 찍으며, 피사체를 카메라에 담는 기술을 터득해 나갔습니다. 하다못해 수없이 카메라를 손에 쥐며 단련된 근육은 선명한 사진을 찍는 기초가 되었습니다.

진정한 기술은 말로 표현할 수 없습니다. 지혜도 마찬가지입니다. 그래서 누군가로부터 배우는 기술과 지혜에는 한계가 있습니다. 배움의 시작 단계에서는 전문가에게 묻고 관련 도서를 찾아보는 것이 지름길처럼 보이지만, 진짜 자기 것으로 만들려면 많은 경험이 필요합니다.

지식을 말로 장황하게 설명하는 것은 지혜의 찌꺼기를 남기는 일입니다. 삶의 묘리를 담은 지혜는 말로 전할 수 없는 자기만의 경험입니다. 마흔에는 세상사에 귀가 밝아져 여기저기 많은 이야기를 듣습니다. 그렇게 말로 전해지는 지혜들을 배워가며 젊은 시절보다 성장한 모습에 스스로 대견해 합니다.

하지만 이제는 압니다. 귀에 들어오는 이야기들은 '지혜의 찌꺼기'일 뿐 알맹이는 스스로 찾아야 한다는 진리를 말입니다. 한 번 들은 것을 두 번 실천하고, 두 번 실천한 것을 세 번, 네 번 반복하기로 마음먹습니다. 그리고 그것을 누군가에게 전수하고 싶은 마음이 든다면, 입은 다물고 상대가 직접 경험할 기회를 마련해 주기로 합니다.

마흔에 걷는 도의 길

●

테니스를 배우고 이 년 차에 접어들자, 욕심이 생깁니다. 그래서 관련 강습 동영상을 수십 편 시청하고, 무릎을 '탁' 칠 정도의 깨달음을 주는 맞춤 동영상을 찾았습니다. 며칠 동안 기술을 터득하기 위해 화면이 닳도록 영상을 시청합니다.

실전에 사용하기 위해 호기롭게 몸을 움직여 보지만, 상상 속 그 모습이 아닙니다. 친절하게 말로 표현된 기술은 내 것이 아니었습니다. 수개월을 연습하고 나서야 제대로 된 공을 칠 수 있게 됩니다. 그런데 누군가에게 그 기술을 말로 전수할 수는 없을 듯합니다.

눈에 보이는 몸짓조차 온전히 전달할 수 없는데, 생각은 말할 것도 없습니다. 말로 글로 표현된 지혜를 익히고 뿌듯해하는 일은 이제 그만두려고 합니다.

그렇게 마흔에는 '말로 전할 수 없는 지혜'야말로 '진짜 지혜'임을 알아갑니다.

지위에 걸맞은 능력이 없으면
자리가 불안하다

얼마 되지 않는 경력으로도 승진이 빠른 사람이 있습니다. 그런 사람을 보고 소위 '관운이 좋다'라고 말합니다. 만약 남보다 빠르게 승진한 사람이 직위에 걸맞은 능력까지 갖추었다면, 짧은 경력은 크게 문제 되지 않습니다. 하지만 부족한 능력에 그저 운이 좋아 승진한 사람은 항상 자리가 불안합니다. 업무 추진이 제대로 되지 않아 회사로부터 신망을 잃는 것은 시간문제입니다. 또, 승진 경쟁에서 밀린 누군가는 그를 시기하며 어디를 가나 비난의 말을 쏟아냅니다. 그래서 자리를 얻는 것보다 중요한 것은 먼저 실력을 갖추는 일입니다.

『장자』「추수」편에 나오는 이야기입니다.

혜자가 양나라 재상이 되자, 장자가 그를 만나기 위해 찾아갔다. 어떤 사람이 혜자에게 말했다.

"장자가 오는 것은, 당신을 대신하여 재상이 되려는 것입니다."

이에 혜자는 겁이 나서, 사흘 밤낮에 걸쳐 장자의 행방을 찾게 했다. 얼마 뒤 장자가 찾아와 혜자에게 말했다.

"남방에 원추鵷鶵라는 새가 있는데, 당신도 알고 있겠지? 그 새는 남해에서 출발하면 북해까지 나는데, 오동나무가 아니면 앉지 않고, 대나무 열매가 아니면 먹지 않고, 단물이 아니면 마시질 않는다고 하네. 그런데 마침 솔개가 썩은 쥐를 먹으려는데, 원추가 그곳을 지나게 되자, 솔개는 지레 겁을 먹고 '깍!'하고 소리쳤다네. 지금 당신은 양나라 재상이라는 먹이 때문에 나를 향해 소리치는 것인가?"

惠子相梁, 莊子往見之. 或謂惠子曰 "莊子來, 欲代子相." 於是惠子恐, 搜於國中三日三夜.

莊子往見之, 曰 "南方有鳥, 其名爲鵷鶵, 子知之乎? 夫鵷鶵, 發於南海而飛於北海, 非梧桐不止, 非練實不食, 非醴泉不飮. 於是鴟得腐鼠, 鵷鶵過之, 仰而視之曰 '嚇!' 今子欲以子之梁國而嚇我邪?"

양나라 재상 자리에 오른 혜자는 아마도 '관운이 좋은 사람'인 듯합니다. 그중에서도 자기 능력에 비해 과분한 직위를 얻은 '운만 좋은 사람' 말입니다. 안팎으로 재상의 면모를 갖추었다면, 그 누가 찾아와도 당당히 맞설 수 있습니다. 그런데 혜자는 장자가 자신을 찾아온다는 얘기만 듣고도 겁을 먹습니다. 이렇듯 인생에서 요행을 바라다가는 언제든 쫓겨날 위험을 감수하며 불안에 떨어야 합니다.

장자처럼 한 나라의 재상에게 일갈을 날릴 수 있는 사람이 얼마나 될까요? 장자는 재상 자리를 탐내기보다 내면을 갈고닦아 자연의 법칙을 깨닫기 위해 노력했습니다. 앞뒤 가리지 않고 먹어대는 솔개가 아닌, 자신이 선택한 자리에 앉아 대나무 열매를 먹으며 단물만 마시는 원추가 되기를 원했습니다.

승진이 빠르면 한 줌의 명예 정도는 얻을 수 있습니다. 또, 급여가 높아져 외식을 몇 번 더 할 수 있습니다. 하지만 자리에 비해 내공이 부족하면, 관운은 딱 거기까지입니다. 긴 인생에서 눈앞의 것만 탐낸 사람의 말로입니다.

때론 남들보다 뒤처진 것 같아 불안한 마음이 듭니다. '주식으로 수천만 원을 벌었다는 사람', 'SNS를 개설해 수십만 구독자를 모았다는 사람', '식당을 개업해 대박이 났다는 사람', '젊은 나이에 회사 임원 자리에 올랐다는 사람' 등. 마음만 먹으면 부러워할 사람은 차고 넘칩니다.

이제는 그런 사람을 부러워할 시간에 남해에서 출발해 북해까지 쉬지 않고 날 수 있는 체력을 기르기 위해 노력합니다. 그리고 명예와 부를 얻지 못하더라도, 언제든 재상 앞에서 일갈을 날릴 수 있는 단단한 자신이 되기를 소망합니다.

마흔에 걷는 도의 길

•

인생에서 새로운 경험을 해볼 기회는 생각처럼 많지 않습니다. 그 경험이 평소 관심 사항이 아니거나, 오히려 하기 꺼려지는 일이라면 더더욱 그렇습니다. 직장에서 쌓는 경험은 '업무'라는 딱지가 붙는 순간 피하고 싶은 일이 됩니다.

인생의 다양성을 깨닫고, 자신만의 노하우를 쌓는 가장 확실한 방법은 '직접 경험'입니다. 그래서 생각을 고쳐먹습니다. 직장에서 주어지는 일은 무조건 경험해 보기로 말입니다. 오늘은 일을 마치고 여유가 생겨 평소 신경 쓰지 않았던 탕비실 수납장 정리를 해봅니다. 그러다 마셔보지 못한 차 티백을 발견합니다. 컵에 따뜻한 물을 받고 티백을 담그자, 코끝으로 은은한 차향이 전해집니다. '마리골드 꽃차'더군요.

예전의 나라면 퇴직 전까지 탕비실 수납장을 한 번도 열어보지 않았을 겁니다. 그런데 경험을 찾아나서자 은은한 향을 맡게 되고, 새로운 차의 이름까지 알게 되었습니다. 사소해 보이지만 이런 경험을 통해 세상을 조금씩 넓혀갑니다.

마흔에는 승진자 명부를 궁금해하기보다 가보지 않은 길을 찾기 위해 노력합니다. 그렇게 걷는 길에서 인생을 살아갈 양분을 얻습니다.

못 본 것은 알지 못하지만,
배울 수는 있다

유홍준 교수의『나의 문화유산 답사기』에는 '아는 만큼 보인다'라는 표현이 나옵니다. 세상을 바라보는 시야는 자기가 아는 범위를 넘어서기 어렵습니다. 그래서 많이 알아야 눈앞에서 일어나는 현상을 제대로 이해하고 들여다볼 수 있습니다.

그런데 자신이 눈으로 보지 않았다면, 알지 못하는 것도 사실입니다. 직접 눈으로 보고 경험하지 못한 것은 죽을 때까지 존재 자체를 모르기도 합니다. 많이 볼수록 많이 알고 많이 알아야 세상을 더 이해할 수 있습니다.

『장자』「소요유」편에 나오는 이야기입니다.

어리석은 자는 슬기로운 자를 알지 못하고, 하루살이는 오래

살아간다는 것을 알지 못한다. 어떻게 그러한 도리를 알겠는가?

아침에 잠시 피었다 저녁에 시드는 버섯은 한 달이라는 시간

을 알지 못하고, 여름 한 철을 사는 여치는 봄과 가을의 변화를

알지 못한다. 이들은 짧은 삶을 산다.

小知不及大知, 小年不及大年, 奚以知其然也? 朝菌不知晦朔,

蟪蛄不知春秋, 此小年也.

성충이 된 하루살이는 짧게는 몇 시간, 길게는 이 주가량 삽니
다. 하루살이가 생을 마감할 때까지 경험할 수 있는 세계는 한정적
입니다. 계절의 변화를 느끼기에도, 다양한 먹거리를 맛보기에도,
작은 동산 하나를 둘러보기에도 시간은 부족합니다. 그러니 하루
살이는 수년을 사는 토끼나 한 백 년을 사는 인간의 삶을 알지 못합
니다. 버섯이나 여치 또한 마찬가지입니다. 하늘에서 정해 준 하
루, 경험한 하나의 계절만이 전부입니다. 즉, 경험하지 못하니 알
지 못합니다.

자기 눈으로 못 본 것은 믿지 않으려는 사람이 있습니다. 그 어
떤 증거를 들이대도, 눈으로 확인하기 전까지는 '불신의 대상'으로

여깁니다. 주변에 그런 사람이 있다면 한번 떠올려 보십시오. 모든 것을 의심하느라, 얼굴에 깊은 주름 한두 개 정도는 패어 있을 겁니다. 보지 못한 것을 믿지 못하는 사람은 하루살이와 다를 바 없습니다. 자기만의 세계에 갇혀 한 백 년을 하루처럼 의미 없이 보낼 것이기 때문입니다.

눈으로 못 본 것은 알지 못하지만, 배울 수는 있습니다. 더 넓은 세상을 향해 나아가느냐, 아니면 고인 물이 되어 말라가느냐를 결정하는 것은 '배우려는 마음'에 달려 있습니다. 그러니 보지 못한 것을 배우고 음미하여 그것들이 존재하는 세상을 그릴 줄 알아야 합니다. 황당하다고 생각했던 그 일은 배우려고 마음먹은 순간, 언젠가 눈앞에 나타날 현실이 될 테니 말입니다.

아는 만큼 보입니다. 그리고 보는 만큼 알 수 있습니다. 이 두 가지 명제는 어느 것이 맞고 틀리고의 문제가 아닙니다. 현명한 사람이라면 '아는 것', '보는 것'에 한계를 두지 않습니다. 아는 것보다 조금 더 보고, 그렇게 본 것을 바탕으로 조금 더 알아가고, 앎이 축적되니 더 많이 보입니다. 이런 선순환의 흐름을 깨닫는다면, 얼마나 오래 사느냐의 문제는 더 이상 중요하지 않습니다.

많은 책을 읽었지만, 그렇게 배운 것들을 모두 눈으로 확인하진 못했습니다.

많은 것을 보았지만, 그 이면에 숨겨진 의미까지 깨닫진 못했습니다.

그래도 괜찮습니다. 아직 눈으로 확인할 것이 많이 남았고, 더 배워야 할 것이 넘치기 때문입니다. 배우고, 눈으로 확인하고, 그렇게 본 것의 참 의미를 알아가는 삶은 더 이상 하루살이의 생애가 아닙니다. 깨어있는 정신으로 계절의 흐름을 느끼고, 더 넓은 곳을 경험하며 인간에게 주어진 수명을 성실하게 살아냅니다.

마흔에 걷는 도의 길

●

사는 곳 근처에 유적지가 있습니다. 삼한시대 저수지 중 한 곳으로, 주변에 좋은 그늘을 만들어주는 소나무 숲이 있어 아이의 손을 잡고 자주 들르는 곳입니다. 여느 때와 같이 유적지로 나들이를 간 어느 날, 아이가 이렇게 물었습니다.

"아빠, 여기 저수지는 언제부터 있었던 거야? 그리고 왜 만들어놓은 거야?"

유적지의 명칭과 시대적 배경 정도는 알고 있었지만, 정확한 정보는 알지 못했던 나는 아이의 손을 잡고 유적지 입구에 세워진 안내문 앞에 섰습니다. 그리고 그곳에 쓰인 내용을 아이에게 읽어주었습니다. 이야기를 다 들은 아이가 말했습니다.

"이게 전부야? 난 무슨 신비한 이야기라도 있는 줄 알았는데…."

시무룩해하는 아이 뒤로, 어떤 음성이 들렸습니다.

"얘야, 이곳 저수지에는 아주 재밌는 전설이 하나 있단다."

고개를 돌려 뒤를 돌아보니, 가슴에 배지를 단 할아버지 한 분이 서 계셨습니다. 배지에는 '문화관광해설사 ○○○'이라고 새겨 있었습니다. 할아버지는 두 손을 모으고 눈빛을 반짝이는 아이에게 저수지와 관련된 이야기를 들려주었습니다. 아주 오랜 옛날, 저수지에 살던 이 무기를 어씨 성을 가진 형제들이 무찔렀다는 재미난 이야기였습니다.

귀한 시간을 내주신 할아버지께 감사 인사를 드리고, 아이와 다시 걷기 시작했습니다. 그리고 고개를 돌려 저수지를 바라보자, 바람을 따라 이는 물결이 마치 이무기의 모습처럼 보입니다. 아이도 내 속마음을 읽은 것인지, 물결이 이는 곳을 손가락으로 가리키며 "아빠, 아직도 이무기가 있는 거 아닐까?"라고 장난스레 말합니다. 그때부터 저수지는 아이와 나에게 전설이 깃든 신묘한 곳이 되었습니다.

마흔에는 삶에 다양한 이야기가 깃들기를 소망합니다. 설령 전설 속 황당한 이야기일지라도 두 손을 모아 눈을 반짝이며 귀를 열겠습니다. 그렇게 못 본 것을 알아가며, 더 넓은 세상으로 나아갑니다.

삶 곳곳에 담긴
인생의 묘한 이치

간혹, 작은 일로 시작해 큰 결과를 만들어내는 사람에 관한 이야기를 듣습니다. '인생 역전'으로 표현되기도 하는 이런 일은 TV에 소개될 정도로 세간의 이목을 끕니다. 그렇지 못한 일에 그럴만한, 또는 예측을 웃도는 결과를 얻는 모습은 보는 이로 하여금 '나도 한번?'이라는 희망을 품게 합니다. 재산이나 직위 같은 눈에 보이는 결과물에는 어김없이 이런 논리가 적용됩니다.

반면 '지혜'는 눈에 보이지 않기에 남이 이룬 성취를 가늠할 수 없습니다. 그래서 지혜를 얻으려면 스스로 익히고 깨우쳐야 합니다. 지혜를 얻는 과정은 거창한 무언가가 아닙니다. 일상에서 겪는 소소한 일에도 인생의 깊은 묘리妙理가 담겨 있습니다.

『장자』「제물론」편에 나오는 이야기입니다.

> 손가락으로 '손가락이 손가락이 아님'을 깨우쳐주는 것은, 손
> 가락이 아닌 것으로 '손가락이 손가락이 아님'을 깨우쳐주는
> 것만 못하다. 말로 '말이 말이 아님'을 깨우쳐주는 것은, 말이
> 아닌 것으로 '말이 말이 아님'을 깨우쳐주는 것만 못하다.
> 이처럼 도의 관점에서 본다면 하늘과 땅은 한 개의 손가락이
> 라 할 수 있고, 만물을 한 마리의 말이라고도 할 수 있다.

> 以指喩指之非指, 不若以非指 喩指之非指也. 以馬喩馬之非馬,
> 不若以非馬 喩馬之非馬也.
> 天地一指也, 萬物一馬也.

장자는 세상 만물은 상대성에 의해 존재하고, '다름'과 '같음'을
구분하는 것이 무의미하다고 강조합니다. 손가락과 말을 비유로
들면서 말입니다.

실제로 누군가 장자를 찾아와 손가락을 들어 보이며 "장자님,
혹시 이 손가락이 진짜처럼 보입니까?"라고 물어왔을지 모릅니
다. 그 질문에 장자는, 상대의 손가락을 자신의 손가락으로 가리키
며 "지금 제 손가락이 가리키는 당신의 손가락이 진짜 손가락인지

아닌지를 묻는 겁니까?"라고 되물었을 테지요. 말장난 같은 상황에 장자는 불현듯 깨달음을 얻습니다.

'손가락으로 정의한 그것은 과연 손가락이 맞는가?'
'내가 손가락이라고 믿는 내 손가락은 남들이 정의한 손가락이 맞는가?'
'내 손가락조차 진짜인지 아닌지 알 수 없는데, 저 사람의 손가락을 내 손가락으로 가리키며 참과 거짓을 분별할 수 있는가?'

그렇게 생각이 꼬리를 물고 이어지자, 손가락이 맞고 아니고는 그 누구도 판단할 수 없음을 깨닫습니다. 저마다 타고난 본성에 따라 손가락이라고 불리는 신체 부위를 가지고 태어나 살아갈 뿐입니다. 물건을 집고, 붓을 잡아 글씨를 쓰고, 서로의 체온을 느끼는 용도로 말입니다. 그래서 장자는 손가락이 진짜인지 아닌지는 중요하지 않다고 생각했습니다.

그리고 마침내 장자는 더 큰 깨달음을 얻습니다. 하늘과 땅 또한 무엇으로도 정의할 수 없으니, 손가락과 다르지 않다는 것을 말입니다. 이처럼 장자는 신체의 일부인 손가락 하나에서 깊은 인생의 묘리를 찾아냈습니다.

일주일의 막바지에 다다라서 생각해 보면, 지난 7일의 시간이 쏜살같이 흘러간 듯 느껴집니다. 한 달의 마지막 날에는 지난 30일의 시간이, 1년의 마지막 날에는 지난 365일의 시간이 순식간에 흘러간 듯 느껴집니다. 매일의 일상이 비슷하다면, 더더욱 그렇습니다.

그럴만한 일상에, 그럴만한 결과만 기다리다가는 하루하루가 더 빠르게 지나갑니다. 같은 출퇴근 길을 지나고 같은 직장에서 일하고 한정된 사람과 교류하는 날들이지만, 그곳에 숨겨진 인생의 묘리를 찾으려고 노력해야 합니다. 손가락 하나를 보고도 깨달음을 얻는 장자까지는 아니어도, 시간이 쏜살같이 흘러간다는 생각이 든다면 하루라도 빨리 마음을 고쳐먹어야 합니다.

어제와 달리 깨어있는 정신으로 살아간다면, 쏜살같이 흐르는 시간을 멈춰 세워 일상을 영원처럼 살아갈 수 있습니다.

마흔에 걷는 도의 길

●

어느 따스한 봄날, 한적한 산책로를 따라 천천히 걸어봅니다. 푸릇한 봄기운이 가득한 작은 능선을 따라 걸으니, 몸도 마음도 정화되는 기분입니다. 그런데 시야에 들어온 붉은 단풍나무 한 그루에 순간 걸음을 멈춥니다. 그리고 봄이라는 계절과 어울리지 않는 붉은 단풍잎을 보며 잠시 생각에 잠깁니다.

'지금은 사월인데 붉게 물든 단풍잎이라니?'

사계절 내내 붉은 단풍나무가 있다는 것은 어렴풋하게 들어 알았지만, 이렇게 눈앞에서 마주하자 기분이 묘했습니다. 계절을 초월한 가을의 감성은 이내 '신기함'으로 다가왔고, 혹 '조화가 아닐까?'라는 의심에 단풍잎을 만져보기까지 합니다. 스마트폰으로 검색해 보니, 나무의 이름은 '홍단풍'으로 잎이 날 때부터 붉은색을 띠고 가을까지 그 색을 유지한다고 합니다. 왠지 사계절 내내 단풍의 아름다움을 보고 싶어 하는 사람의 욕심이 만들어낸 개량종은 아닐까, 하는 의구심이 듭니다.

'봄날, 눈앞의 잎이 붉은 단풍나무는 단풍나무가 아닌 것인가?'
'선선한 바람을 맞아 붉게 물드는 단풍만이 진짜 단풍인가?'
'그렇다면 가을에, 가을에 이르러 두 단풍나무를 나란히 본다면 무엇이 진짜이고 가짜인지 구분할 수 있는가?'

이런 고민에 빠진 나를 장자가 봤다면, 손가락과 말의 이야기를 다시 한번 들려주었을 겁니다. 잎이 빨갛게 물들어 보는 이로 하여금 심상에 즐거움을 새길 수 있는 나무, 그게 바로 '단풍나무'입니다. 그러니 단풍나무의 잎이 물드는 시기는 중요하지 않습니다.

그렇게 마음을 고쳐먹자, 눈앞의 단풍나무를 있는 그대로 바라볼 수 있게 됩니다. 마흔에는 분별하지 않는 자세로, 불현듯 삶에 찾아드는 의구심을 하나둘 거둬들입니다.

삶의 희망을 찾는
마흔에게

2장

세상 만물은
타고난 본성이 있다

　　　시골집에 들러 마당을 걷다보니 한 편에 놓인 나무 의자가 눈에 들어옵니다. 잠시 햇볕을 쬐려고 앉았는데, 등받이에 튀어나온 못대가리 때문에 등이 배깁니다. 주위를 둘러봤지만, 마땅한 게 없어 주머니를 뒤집니다. 손에 묵직하게 잡히는 것이 있어 꺼내 들었더니 스마트폰입니다. 한두 번 못질이면 될 거란 생각에 그대로 스마트폰을 세워 못을 내리칩니다. 세 번 정도 내리쳤더니 못은 말끔히 정리되었습니다.

　　그렇게 십여 분을 편안하게 앉아 햇볕을 쬐고는 시간을 확인하려고 다시 스마트폰을 꺼내 들었습니다. 그런데 화면 속 숫자가 기괴하게 구겨져 있습니다. 아까의 충격으로 화면에 제멋대로 금이 가버렸기 때문입니다.

『장자』「추수」편에 나오는 이야기입니다.

> 대들보나 큰 기둥으로 커다란 성벽을 부술 수 있지만 작은 쥐
> 구멍을 막을 수는 없다. 이는 물건에 따라 용도가 다름을 말하
> 는 것이요, 옛날의 기기騏驥나 화류驊騮같은 훌륭한 말은 하루
> 에 천리를 달리지만, 쥐를 잡는 데에는 들고양이를 따를 수 없
> 으니, 이는 사물에 따라 재주가 다름을 말함이요, 올빼미는 어
> 두운 밤에 벼룩을 잡고 털끝을 볼 만큼 눈이 밝지만, 낮이면 눈
> 을 뜨고도 커다란 산을 볼 수 없으니, 이는 사물에 따라 타고
> 난 본성이 다름을 말하는 것이다.

> 梁麗可以衝城, 而不可以窒穴, 言殊器也. 騏驥驊騮, 一日而馳
> 千里, 捕鼠不如狸狌, 言殊技也. 鴟鵂夜撮蚤, 察毫末, 晝出瞋目
> 而不見丘山, 言殊性也.

큰 기둥으로 쥐구멍을 막는 것은 오히려 쥐가 안전하게 드나들
틈을 만드는 일입니다. 기세 좋은 말의 거친 발길질로는 날쌘 쥐를
잡을 수 없습니다. 하지만 들고양이에게 쥐의 몸놀림은 그저 귀여
운 반항일 뿐입니다. 이렇듯 세상 만물은 타고난 본성이 있습니다.

못을 내리치는 데 쓰는 도구가 있습니다. 바로 '망치'입니다. 망치가 없다면 단단한 무언가가 그 역할을 대신할 수 있습니다. 그런데 손에 잡히는 묵직함이 망치와 비슷하다는 착각에 스마트폰을 들고 못을 내리쳤습니다. 튀어나온 못을 제자리로 밀어 넣었지만, 액정이 산산이 부서지고 말았습니다. 어쩌면 스마트폰이 못을 때린 것이 아니라, 못이 스마트폰을 때린 격인지도 모릅니다.

때론 풍기는 기운과 외형이 비슷하다고 타고난 본성을 오해하는 경우가 있습니다. 스마트폰을 망치로 쓰는 것처럼 말입니다. 그래서 타고난 본성을 잘 파악해야 합니다.

미국의 사회운동가였던 헨리 워드 비처Henry Ward Beecher는 본성을 '자신의 영혼에 붓을 담가 그린 그림'이라고 표현했습니다. 자기 내면의 순수한 영혼을 찾아야 본성을 깨달을 수 있습니다. 그렇게 그린 '본성이라는 그림'은 안정적인 구도를 갖추고, 편안한 색채를 머금었을 겁니다.

다시 시골집에 들러 마당을 거닙니다. 역시나 햇살이 좋습니다. 이번에는 의자에 앉는 대신 천천히 걸으며 햇볕을 쬡니다. 발걸음을 따라 몸은 흔들리지만, 그러는 사이 빈틈없이 따스한 기운이 와 닿습니다. 본성을 따라 걷기 시작하니, 몸과 마음은 더없이 편안해집니다.

의자에 앉아 한 방향으로 해를 바라봐서는 온전히 햇볕을 쬘 수 없습니다. 몸의 앞, 뒤, 옆을 고루 쬐어야 따스한 기운을 제대로 느낄 수 있습니다. 그렇게 자연의 흐름에 몸을 맡기자 영혼은 순수해지고, 비로소 타고난 본성을 깨닫게 됩니다. 어쩌면 그동안 본성을 따른다고 여겼던 일들은 그 쓰임이 잘못되었는지도 모릅니다.

이제, 맑아진 영혼에 붓을 담가 '본성'이라는 그림을 그리려고 합니다.

마흔에 걷는 도의 길

•

어느 여름날, 아이와 시골집에 들렀습니다. 집 앞 개울로 물놀이를 나가려던 참에 어린 시절 가지고 놀던 '족대'가 눈에 들어왔습니다. 아이에게 특별한 추억을 만들어주고 싶은 생각에 족대를 챙겨 들었습니다.

아이는 시원한 개울물에 발을 담그고 물장구를 치며 즐거워했습니다. 잠시 뒤, 아이에게 족대를 들어 보이며 큰 물고기를 잡아주겠다고 호기롭게 얘기하고, 열심히 족대질을 했습니다. 생각보다 큰 물고기가 잡히자, 아이는 환호성을 지르며 기뻐했습니다. 돌멩이를 둘러 만든 작은 웅덩이에 물고기를 넣고 한참을 구경하던 아이가 이번에는 작은 물고기를 잡아달라고 말했습니다. 어깨가 한껏 올라간 나는 "작은 물고기는 더 쉽지."라며 열심히 족대질을 합니다.

그런데 몇 번의 족대질 끝에 잡아 올린 물고기는 아이가 생각한 '작은 물고기'가 아니었습니다.
머쓱해하며 아이를 바라보자, 아이가 족대를 집어 들고 말했습니다.

"아빠, 그물 구멍이 너무 크잖아."

아이의 말을 듣고 그물을 자세히 보니, 구멍 크기가 손가락 세 개는 족히 들어갈 정도입니다.

그렇습니다. 작은 물고기는 촘촘한 그물로 잡아야 합니다. 반면, 큰 물고기는 성긴 그물을 사용해야 들어올리기가 수월합니다. 그물의 구멍 크기에 따라 저마다의 쓰임이 있습니다.

마흔에는 내 몸과 마음을 타고난 본성에 맞게 쓰고 있는지 잠시 생각해 봅니다. 성긴 그물로 작은 지혜를 낚으려고 하거나, 촘촘한 그물로 큰 지혜를 담으려고 하는 것은 아닌지 말입니다.

내가 가진 것을 모를 때
부러움이 생긴다

예전에 봤던 한 드라마 속 이야기입니다. 주인공은 학창 시절에 자기와 같은 이름을 가진 친구에게 심한 질투심을 느낍니다. 그 친구는 공부면 공부, 외모면 외모, 운동이면 운동 모든 면에서 주인공보다 뛰어났습니다. 주인공은 그 친구에게 끝없는 자격지심을 느끼며 학창 시절을 보냅니다. 그런데 드라마 후반부에 성인이 된 주인공은 이름이 같은 그 친구에게 뜻밖의 이야기를 듣습니다.

"나 고등학교 다닐 때, 네가 정말 부러웠어."

도무지 이해할 수 없다는 주인공의 반응에 친구는 이렇게 말합니다.

"네 엄마는 참 다정하셨어. 그리고 넌 명랑해서 늘 친구들이 좋아했잖아. 내가 가지지 못한 것을 가진 네가 부러웠어."

주인공은 예상치 못한 친구의 고백에 눈물을 쏟습니다. 그리고 생각합니다. 그동안 자기를 옭아맸던 시기와 질투심은 자신이 만들어 낸 허상이었다는 것을 말입니다. 그렇게 주인공은 과거를 잊고, 자존감을 되찾아 새로운 삶을 살아갑니다.

사람은 자기에게 없는 것을 갈망합니다. 그리고 간절히 바라는 '그것'을 가진 남을 시기하고 질투합니다. 그런데 과연 갈망하는 그 것은 자기에게 진짜 필요한 것일까요?

『장자』「추수」편에 나오는 이야기입니다.

> 외발 짐승인 기*는 발이 많은 지네를 부러워하고, 지네는 발 없이 기어다니는 뱀을 부러워하고, 뱀은 형태 없이 자유롭게 움직이는 바람을 부러워하고, 바람은 움직이지 않고도 멀리 볼 수 있는 눈을 부러워하고, 눈은 보지 않고도 모든 것을 아는 마음을 부러워한다.
>
> 夔憐蚿, 蚿憐蛇, 蛇憐風, 風憐目, 目憐心.

기는 지네를, 지네는 뱀을 부러워합니다. 그리고 그 부러움의 대상들에게는 또 다른 동경의 대상이 있습니다. 보지 않고도 모든 것을 아는 마음조차도 초연하게 흔들리는 갈대가 부러울 겁니다. 또 그 갈대는 거센 비바람에도 흔들림 없이 우뚝 솟은 산이 부러울 테고요. 이렇듯 자신에게 없는 무언가를 갈망하는 마음은 끝을 모르고 이어집니다.

그런데 외발 짐승은 외발로 태어난 분명한 이유가 있습니다. 몸의 모든 신경이 한 발로 걷는 데 최적화되어 있기에, 지네처럼 수십 개의 발을 붙였다가는 균형을 잃고 쓰러질 게 분명합니다. 또 지네의 발을 뱀과 같이 몽땅 잘라버리면, 더 이상 앞으로 나아가지 못하게 됩니다. 각자의 타고난 본성이 발을 하나로, 또는 수십 개로, 아니면 몽땅 사라지게 만든 것입니다.

결국, 자기에게 없는 것을 갈망하는 마음은 '불필요한 것'을 원하는 것과 같습니다. 그러니 우리가 부러워할 것은 세상에 없습니다. 갈망의 대상을 찾는 대신 자기에게 집중하고, 타고난 본성을 이해하려고 노력해야 합니다. 본성을 깨닫기 시작할 때, 시기와 질투심은 사라지고 가진 것에 감사하게 됩니다.

미국의 전 수영 선수인 마이클 펠프스Michael Fred Phelps는 올림

픽에서 무려 스물세 개의 금메달을 획득했습니다. 그는 여느 서양인들과는 달리 특이한 신체 구조를 가졌습니다. 서양인은 보통 상체보다 다리가 긴데 펠프스는 상체가 다리보다 무려 30센티가 길었습니다. 또 같은 키의 사람보다 팔이 8센티나 길었습니다. 큰 상체는 물에 뜨는 데 유리했고, 긴 팔은 추진력을 얻는 데 안성맞춤이었습니다. 타고난 자기 본성을 잘 알았던 펠프스는 수영을 시작해 올림픽에서 기념비적인 기록을 세울 수 있었습니다.

만약 펠프스가 자신의 긴 상체와 팔을 원망하며, 다른 사람 몸을 부러워만 했다면 어떻게 됐을까요? 수영이 아닌 다른 직업을 택해 여전히 무언가를 갈망하며 살아갔을 겁니다.

꼭 성공을 바라서가 아니라, 물 흐르듯 자연스러운 삶을 살려면 타고난 본성을 따라야 합니다. 자기에게 맞는 옷을 입고, 편안한 신발을 신고, 적당한 보폭으로 걸어야 합니다. 잘 걸어가던 길에서 눈을 돌려 다른 사람을 살펴볼 필요가 없습니다. 길에서 벗어난 것들은 갈망의 대상이 아니기 때문입니다.

생의 중반에 들어서는 마흔, 중도에 포기하는 사람이 꽤 많은 '인생'이라는 경주에서 본성을 깨닫고, '완주'라는 값진 결과를 얻을 수 있기를 바랍니다.

마흔에 걷는 도의 길

●

같은 동네 사는 후배와 요일을 정해 카풀을 하기로 했습니다. 내 차는 세단이었고, 후배 차는 SUV였습니다. 보조석에 앉아서 가는 출근길은 색달랐습니다. 더구나 SUV에 앉아서 보니, 그동안 보지 못한 풍경에 마치 여행이라도 가는 듯한 기분이 들었습니다. 탁 트인 시야, 신선한 창밖 풍경, 넓은 실내까지, 후배 차가 부러워졌습니다. 한 달쯤 지난 어느 날, 내 순번의 출근길에 후배가 이런 말을 했습니다.

"선배, 저 조만간 차 바꾸려고요. 선배 차 타보니까, 승차감이 너무 좋아서 세단으로 알아보고 있어요."

자기 것을 제대로 보지 못할 때 부러운 마음이 듭니다. 보석을 손바닥에 올려두고 감싸쥐었다고 보석이 어디로 사라지는 것이 아닙니다. 잠시 가려져 보이지 않을 뿐, 여전히 자기 손안에 있습니다. 그러니 잠시 시야에서 벗어나 보이지 않는 것들을 다시 한번 들여다보고, 소중함의 이유를 되새겨야 합니다.

마흔이 되니 이삼십 대 시절 보다 가진 것이 많아졌습니다. 하다못해 옷장 속 서츠조차도 두께별, 색상별로 수십 장이나 됩니다. 그래서 이제는 품 안의 것들을 돌보기로 마음먹습니다.
내일 출근길은 SUV의 탁 트인 시야를 부러워하기보다, 세단의 안정감을 온몸 구석구석 느껴보기로 합니다.

채우려면 먼저
부족해야 한다

어느 날, 원숭이를 사육하는 저공이 원숭이들에게 도토리를 주면서 말했다.

"아침에 세 개를 주고 저녁에 네 개를 주겠다."

그러자 모든 원숭이가 화를 냈다.

저공이 다시 말했다.

"그렇다면 아침에 네 개를 주고 저녁에 세 개를 주겠다."

그러자 모든 원숭이가 기뻐했다.

狙公賦芧曰 "朝三而暮四."

衆狙皆怒.

曰 "然則朝四而暮三."

衆狙皆悅.

『장자』「제물론」편에 나오는 사자성어 '조삼모사朝三暮四'의 기원이 되는 이야기입니다.

주로 조삼모사는 교묘한 말로 꾸며 남을 속이는 상황에 빗대어 쓰입니다. 또, 똑같은 도토리의 개수를 두고 먼저 주어지는 도토리의 양에 따라 일희일비하는 원숭이의 어리석음을 경계하라는 의미로도 쓰이고요.

하지만 정신 승리의 대가였던 장자는 어리석음을 일깨우려는 의도보다는 '인생에서 정해진 도토리의 개수는 아무도 알지 못하니, 지금 손에 쥔 도토리가 부족하더라도 절대 슬퍼하지 말라'고 말하지 않았을까요? 적어도 내가 생각하는 장자는 그렇습니다. 손에 쥔 단 세 알의 도토리에 실망하기보다 앞으로 얻게 될 네 알의 도토리를 떠올리며 밝은 미래를 꿈꿨을 겁니다.

인생이라는 긴 여정 중에 현재 당신이 걷고 있는 길에 떨어진 도토리는 세 개일까요? 네 개일까요?

지금 당장 도토리가 부족한 듯해도 인생 후반부에 더 많은 결실을 얻을 수 있습니다. 그러니 현재 손에 쥔 도토리의 개수가 적다하더라도 슬퍼할 일은 아닙니다.

인생이라는 큰 그림을 너무 가까이에서 바라보지 마십시오. 한 발짝, 아니 열 발짝 떨어져서 인생을 바라볼 줄 알아야 합니다. 더 멀리 떨어져서 바라볼 수 있는 만큼 시야에 들어오는 도토리의 개수는 늘어납니다.

새로운 업무를 맡고 적응하느라 눈코 뜰 새 없이 바쁜 시간을 보내던 때가 있었습니다. 주말에도 초과 근무를 하기 일쑤여서 한동안 교외로 나들이조차 가지 못했습니다. 그렇게 1년여가 흐른 뒤 요소수 대란이 일어났습니다. 경유차는 일정 거리를 주행하면 요소수를 보충해 줘야 하는데, 요소수가 부족한 현상이 몇 달 동안 지속되다 보니 그 가격이 열 배 가까이 뛰었습니다. 그런데 내 차는 1년 동안 주행거리가 짧았던 덕분에 요소수 대란을 무난하게 지날 수 있었습니다. 금값을 주고 요소수를 구할 필요가 없었던 것입니다.

열심히 일하느라 놀 시간이 줄어드니 통장 잔고는 넉넉해졌고, 요소수 대란에도 느긋하게 운행할 수 있었습니다. 더 기쁜 일은 통장에 쌓인 여윳돈으로 경유차를 처분하고 친환경 차를 살 수 있었습니다. 정말 '러키장주'를 외치지 않을 수 없었습니다.

이렇듯 지금의 고난이 훗날 더 많은 결실을 낳게 하는 밑거름이 될 수 있습니다. 마흔에 무심코 펼친 손안에 도토리가 세 개여서 다행입니다. 앞으로 얻게 될 도토리를 기대할 수 있기 때문입니다. 내일을 기대하고 1년 뒤를 기대하다 보면, 어느덧 인생길은 후회가 아닌 희망만 가득할 겁니다.

그렇게 마흔의 길을 걸어갑니다.

마흔에 걷는 도의 길

●

삶은 누구도 예측할 수 없습니다. 그래서 늘 불안합니다. 한 치 앞을 알 수 없는 인생이기에, 별일 없이 흘러가는 일상은 아주 소중한 순간입니다.

비가 세차게 내리는, 퇴근길을 재촉하던 어느 날입니다. 그날따라 지나는 교차로마다 빨간불 신호를 맞닥뜨렸습니다. 비도 오고 가다 서기를 반복하니, 마음이 답답해지기 시작했습니다. 복잡한 길을 벗어나 외곽도로를 지나던 찰나에 가슴을 쓸어내렸습니다. 온종일 내린 비에 산비탈이 무너져 도로를 덮친 것이었습니다. 지나가려던 길 이십 미터 앞에서 말입니다. 그날 퇴근길 교차로 중 한 곳에서라도 초록불을 마주했다면 어떤 일이 벌어졌을지…. 생각만 해도 아찔한 순간이었습니다.

지금 인생이 빨간불에 멈춰 선 듯 느껴져도 걱정하지 않습니다. 그 멈춤이 삶의 고난을 피하기 위한 천운이 될지도 모르니 말입니다.

열려 있는 미래는 불안하지만 기대할 만하다

같은 호텔이더라도 주중에 묵느냐 주말에 묵느냐에 따라 비용이 천양지차입니다. 여기에 더해 객실 안에서 보이는 풍경에 따라 숙박비가 달라집니다. 대개 도시 풍경이 보이는 '시티 뷰'보다 푸른 바다가 보이는 '오션 뷰'의 객실이 더 비쌉니다.

한번은 동해를 낀 도시로 출장을 간 적이 있습니다. 회사에서 예약해 준 숙소에 머물 예정이었습니다. 늦은 밤이 되어서야 숙소에 도착했고, 안내받은 객실은 시티 뷰였습니다. 약간 실망한 마음으로 객실에 들어가 창문을 열었는데, 예상치 못한 전경이 눈에 들어왔습니다. 색색의 불빛이 창밖을 수놓고 있었습니다. 어둠이 내려앉은 시티 뷰는 눈부시게 아름다웠습니다.

때로 앞으로 펼쳐질 일을 알지 못한 채 걱정이 앞서는 경우가 있습니다. 『장자』 「제물론」 편에 나오는 이야기입니다.

여희麗姬는 애艾라는 지역 경계지기의 딸이었는데, 진나라에서 그녀를 강제로 데려가자 눈물로 옷깃이 흠뻑 젖을 정도로 울었다. 그러나 진나라에 도착해 왕과 함께 큰 침대에서 자고 잘 차린 진수성찬을 먹게 되자 처음에 통곡한 일을 후회했다. 내 어찌 알겠는가. 죽은 자가 죽기 전에 더 살기 바란 것을 후회하지 않는지를.

麗之姬, 艾封人之子也, 晉國之始得之也, 涕泣沾襟. 及其至於王所, 與王同筐牀, 食芻豢, 而後悔其泣也. 予惡乎知, 夫死者, 不悔其始之蘄生乎.

여희는 진나라에서의 생활을 알지 못했기에, 막연한 두려움에 휩싸여 눈물로 옷깃을 적셨습니다. 그런데 막상 진나라에 도착하자 왕의 사랑을 받으며, 온갖 진귀한 음식을 맛보았습니다. 그러고는 자신이 눈물을 흘리며 슬퍼한 일을 후회하기에 이릅니다.

누구나 불확실한 미래에 대해 막연한 불안감을 느낍니다. 새로운 도전을 앞두고 찾아드는 생각이 대개 '잘될 거야!'가 아닌 '잘 될까?'인 이유입니다. 이럴 땐 장자 이야기 속 여희를 떠올리며 미래 어딘가에 있을 희망을 찾는 자세가 필요합니다. 출장지 숙소 객실에 들어서기 전, 시티 뷰 배정에 느꼈던 실망은 늦은 밤 화려함 가득한 시티 뷰를 제대로 알지 못했기 때문에 생긴 마음이었습니다.

막상 먹어보면 맛있는 음식이 있습니다.
막상 만나보면 마음 편안한 사람이 있습니다.
맞습니다. 막상 해봐야 좋은지 알 수 있습니다.

한 가지 현상은 수만 가지로 해석할 수 있기에, 경험하는 모든 일에서 작은 행복 하나쯤은 찾아낼 수 있습니다. 그것이 아무도 모르는 죽음 이후의 큰 행복까지는 아닐지라도 말입니다.

짐 정리를 하고 테이블 앞에 앉아 따뜻한 차를 마십니다. 그리고 창밖으로 펼쳐진 밤 풍경을 한참 동안 바라봅니다. 음소거한 TV 앞에서 아름다운 영상을 보는 듯한 기분이 듭니다. 그리고 생각합니다. '시티 뷰라 다행이다'라고.

그렇게 마흔에는 오션 뷰보다 숨겨진 보석을 찾듯 시티 뷰를 기다립니다.

마흔에 걷는 도의 길

•

불현듯 닥친 시련에 절규하는 사람이 있는가 하면, 대수롭지 않은 일로 여기며 웃어넘기는 사람이 있습니다. 고난과 시련을 대하는 마음가짐의 차이가 전혀 다른 결과를 만듭니다.

축구 경기 중에 한 선수가 페널티 킥을 준비합니다. 동점 상황에서 승부를 가를 수 있는 아주 중요한 순간입니다. 키커는 두근거리는 마음을 가다듬고 골대를 향해 공을 찹니다. 순간, 공의 방향을 읽은 골키퍼가 몸을 날려 공을 쳐냅니다. 키커는 공이 막혔다는 좌절감에 머리를 감싼 채 바닥에 엎드려 절규합니다. 그런데 골키퍼의 손을 맞고 튀어나온 공은 충분히 다시 차 넣을 수 있는 위치에 떨어졌습니다. 하지만 시련을 차분하게 대처하지 못한 키커는 다시 주어진 기회를 스스로 날려버리고 맙니다. 공이 막힌 그 순간, 키커가 공에서 눈을 떼지 않았더라면 충분히 득점할 수 있었을 텐데 말입니다.

마흔에는 크고 작은 골대를 향해 수없이 슛을 날립니다. 말도 안 되게 벗어나는 슛이 대부분이고, 설령 골대를 향해 공이 날아가더라도 골키퍼에게 막히기 일쑤입니다. 하지만 그때마다 실망만 하고 있다가는 다음에 찾아오는 기회를 잡을 수 없습니다. 그러니 시련을 맞닥뜨린 순간, 해야 할 일은 '절규'가 아닌 '다음을 기대하는 마음'입니다.

인생에서 웃는 날을
늘려라

저녁을 먹기 위해 들른 식당에서 한 단체 손님들이 회식을 하고 있습니다. 모임의 장으로 보이는 사람이 덕담과 함께 이런 말로 건배사를 마무리합니다.

"모두의 건강을 위하여!"

여섯 살 딸아이가 그 말을 듣고는 묻습니다.

"아빠, 저 아저씨들 마시는 게 뭐야?"

"어른들이 마시는 술이라는 음료수야."

딸아이는 고개를 끄덕이더니 재차 묻습니다.

"그럼, 술을 마시면 건강해져?"

그러고 보니, 건강을 위해 술을 나눠 마시는 모습이 이상하긴 합니다. 대개 사람들은 건강을 챙겨야겠다고 다짐할 때 가장 먼저 술을 끊습니다. 그런데 건강해지라며 술을 권하다니. 의아함에 돌아본 그 사람들의 표정은 한없이 즐거워 보입니다. 아마도 몸의 건강이 아닌 '마음의 건강'을 기원하는가 봅니다.

사람은 몸뿐만 아니라 정신까지 건강해야 온전한 삶을 살 수 있습니다. 제아무리 몸을 단련했더라도 마음의 병이 깊으면 집 밖을 나설 힘조차 없습니다. 반면, 강한 정신력만 있다면 여리여리한 몸으로도 수천 미터의 산에 가뿐하게 오를 수 있습니다.

이렇듯 몸과 마음은 서로 힘을 주고받으며 한 사람의 인생을 완성합니다. 꾸준한 운동으로 신체를 단련하고, 명상과 사색을 통해 정신까지 온화하게 할 수 있다면 더할 나위 없겠습니다.

그런데 그게 쉬운 일이 아닙니다. 몸을 무리해 가며 즐거움을 찾고, 온종일 드러누워 정신 수양만 하는 날도 있는 게 사람입니다. 그러니 어느 한쪽이 무너지지 않게 관리하는 게 현실적인 방법입니다. 때로는 잘 단련된 한쪽이 다른 쪽을 보완해 주기도 합니다. 기쁨과 환희가 신체의 고통을 줄여주기도 하니 말입니다.

『장자』「도척」편에 나오는 이야기입니다.

사람은 아주 오래 살면 백 살이요, 그럭저럭 살면 팔십 살, 조금 살면 육십 살이다. 병들고, 여위고, 죽고, 우환 드는 것을 제외하면 그중 입을 벌려 웃으며 지내는 날은 한 달 가운데 불과 사오일밖에 안 된다.

人上壽百歲, 中壽八十, 下壽六十. 除病瘦死喪憂患, 其中開口而笑者, 一月之中, 不過四五日而已矣.

2천5백 년 전의 사람들도 지금의 우리와 매한가지였나 봅니다. 만약 하루에 열 번 거울을 본다면, 그중 몇 번이나 웃는 얼굴을 마주할까요? 세 번을 장담하지 못하겠습니다. 장자는 아주 현실적인 수치를 들어가며 사람의 인생에 웃음이 절대적으로 부족하다고 말합니다. 러키장주를 자주 외쳐야 하는 이유가 여기에 있습니다.

불행의 이면에는 반드시 행복이 있습니다. 열려 있는 미래는 우리에게 슬픔만 가져다주지 않습니다. 때론 찾기 힘든 곳에 기쁨이 숨겨져 있더라도 멈추지 않고 걸어간다면 언젠가 그 빛을 발견할 수 있습니다. 그리고 그 시작점은 바로 '일상에서 웃음을 바라고 원하는 마음가짐'입니다.

이런 생각에 다다르자, "모두의 건강을 위하여!"라는 건배사가 새롭게 들립니다. 건강을 위해 술을 나눠마시는 모순된 상황은 실은 함께 술을 나눠마시며 그날의 스트레스를 풀고 웃음을 찾는 '정신 건강 단련의 장'이었습니다. 물론, 그 생각을 입 밖으로 꺼냈다가는 아내의 매서운 눈빛을 감내해야 할지도 모르겠습니다.

아이의 질문에 잠시 생각하다가 이렇게 대답합니다.

"술은 정말 몸에 안 좋아. 많이 마신다면 말이야."

그 말을 듣고 아이가 말합니다.

"아, 아빠처럼 많이 마시면 안 좋다고?"

결국, 아내의 매서운 눈빛을 피하지 못했습니다. 그래서 물컵을 들며 아내에게 장난스럽게 말합니다. "건강을 위하여!"

마흔에 걷는 도의 길

●

"인간은 웃는 재주를 가진 유일한 생물이다."

_빅토르 위고

개는 꼬리를 흔들어 기쁨을 표현합니다. 간혹 '웃는 개'라는 별명으로 유명세를 치르는 개가 있지만, 얼굴의 무늬나 입 모양이 웃는 표정 같아 보이는 것뿐입니다. 얼굴 근육을 움직여 기쁨과 사랑, 즐거움을 표현하는 생물은 인간이 유일합니다. 그런데 인간은 이런 웃는 재능을 생각보다 쉽게 사용하지 않습니다. 하루 중 마음을 다해 웃는 시간이 얼마나 되는지를 생각해 보면, 십 분을 넘기기 어렵다는 것을 알 수 있습니다.

우리는 왜 웃음에 인색한 걸까요?

도저히 웃을 수 없는 비극적인 상황을 맞닥뜨렸을 수 있습니다. 하지만 일상에서 잘 웃지 않는 이유는 대개 '웃음은 상대가 있어야 한다'라는 생각 때문입니다. 웃는 상황을 생각해 보십시오. 누군가와 대화 중에, 아니면 통화 중에, 하다못해 TV 속 출연자를 보며 웃습니다. 웃음 지으려면 누군가와 연결되어야 하고, 웃는 표정을 바라보는 누군가가 있어야 한다고 생각합니다.

그런데 즐거운 추억을 떠올리거나, 기분 좋은 상상을 하거나, 긍정의 혼잣말을 내뱉으면서도 충분히 웃을 수 있습니다. 자기 내면의 기쁨을 발산해 웃는 것은 상대가 필요 없습니다.

긴 인생에서 고민하고 짜증 내는 시간보다 웃는 시간이 많아야 행복합니다. 이 명제에 반박할 사람은 아무도 없습니다.

마흔에는 종종 하던 일을 멈추고 내면의 소리에 집중합니다. 그리고 그 소리 중 즐겁고 기쁜 멜로디를 찾아 마음껏 웃어봅니다. 그렇게 웃는 재능을 열심히 갈고닦아, 인생을 행복으로 채워갑니다.

자유롭게 경험해야
즐거울 수 있다

쇼핑몰 장바구니에 담아 둔 물건을 드디어 주문합니다. 가격이 부담되어 망설였는데, 마침 성과금이 들어와 '열심히 일한 나에게 주는 선물'이란 구실로 샀습니다. 무엇을 사든 택배 배송 전까지가 가장 설렙니다. 막상 물건을 받아 들면 처음의 설렘은 사라지고, 풀어헤친 포장지를 정리할 생각에 마음이 무겁기까지 합니다. 마흔을 맞이한 어느 날, 물건을 사는 일에 회의감이 듭니다.

『장자』「양생주」편에 나오는 이야기입니다.

> 못가에 사는 꿩은 먹이가 없어, 열 걸음이나 걸어 나가야 먹이를 쪼아 먹고, 백 걸음이나 나가야 한 모금의 물을 마시지만,

사람 손에 잡혀 새장 속에 갇히는 것을 원치 않는다. 새장 안에서는 먹이를 쉽게 얻어 기운은 좋을지 모르나, 결코 들판에서처럼 즐겁지 못한 것이다.

澤雉十步一啄, 百步一飲, 不蘄畜乎樊中. 神雖王, 不善也.

영화 〈월·E〉에서 지구의 오염이 회복될 수 없다고 판단한 인간들은 지구를 버리고 우주로 떠납니다. 인간들은 모든 것이 완벽하게 갖춰진 우주선에서 손 하나 까딱하지 않은 채 무려 7백 년 동안 우주를 부유합니다. 손짓 한 번에 온갖 음식을 먹을 수 있고, 심지어 골프 같은 취미도 로봇이 대신 해줍니다. 자동 이동 장치를 타고 다니며 한 걸음도 걷지 않았던 인간들은 여러 세대를 지나는 동안 거대한 살덩어리가 되어버립니다. 그렇게 장자 이야기 속 '새장에 갇힌 새'가 되어 무기력한 나날을 보냅니다.

우리는 삶을 건사하려고 일을 하며 돈을 법니다. 그렇게 번 돈으로 '즐거움'을 사려고 부단히 애씁니다. 그런데 즐거움은 돈으로 사는 것이 아닙니다. 오로지 자유 의지로 몸소 체험해야 얻을 수 있습니다.

물질은 손에 쥐는 순간 그 가치가 반감되며, 뒤돌아서는 순간 그토록 갖기를 바라던 마음이 먼지처럼 사라집니다. 그러니 되도록

'물질'이 아닌 '경험'을 사려고 노력해야 합니다.

인생은 누군가 '툭'하고 던져주는 것이 아닙니다. 오로지 자기 의지로 확인하고 경험해야 합니다. 그렇게 얻은 즐거움은 기억에서 쉽게 사라지지 않습니다. 오히려 회상할수록 그 의미가 강해질 뿐입니다.

열 걸음을 걸어 양식 한 움큼을 얻을지라도, 백 걸음을 걸어 물 한 모금을 마실지라도 무엇에도 얽매이지 않는 '나'로 살아가고자 합니다. 그렇게 얻은 경험들이 인생을 즐거움으로 채워줄 겁니다.

영화 〈월·E〉 결말에서 인간들은 지구로 돌아와 걷는 법을 배우고 농사를 지으며 새로운 삶을 시작합니다. 모든 것이 불편해졌지만, 손수 씨앗을 심고 물고기를 잡는 인간들의 얼굴에는 웃음이 가득합니다. 우주선이라는 새장에서 벗어나 스스로 경험하며 비로소 즐거움을 찾은 것입니다.

삶이 즐겁지 않다면, 돈으로 즐거움을 사들이지는 않은지 되돌아봐야 합니다. 마흔이라면 이제는 직접 걸음을 옮겨 먹이를 찾고 물웅덩이를 발견하며 인생의 즐거움을 경험해야 할 때입니다.

그렇게 오늘도 기꺼이 열 걸음, 백 걸음을 내딛습니다. 그리고 쇼핑몰 사이트 장바구니에 담긴 물건들을 하나둘 비워냅니다.

마흔에 걷는 도의 길

●

군 복무 시절, 주말이면 인근 시내로 외출을 나갈 기회가 있었습니다. 군대에서는 병사들의 종교 활동을 지원하려고 네 시간 정도의 자유 시간을 주는데, 인원이 한정되어 있어 경쟁이 치열했습니다. 그런데 외출을 가는 날이면, 항상 마음에 걸리는 것이 있었습니다. 주말 점심은 여느 날과 다르게 특식이 나왔기 때문이었습니다. 매번 외출과 특식 사이에서 고민을 하지만, 저를 포함한 모든 병사는 항상 '외출'을 택했습니다.

인간은 기본적으로 자유를 갈망합니다. 그런데 때론 부와 명예의 유혹에 흔들려 자기에게 주어진 자유를 저버립니다. 미국의 정치가인 존 캘훈 John Calhoun은 "자유는 획득하는 것보다 간직하기가 더 어렵다."라고 말했습니다. 지금 자유롭게 먹고 자고 걷는 일상은 당연한 것이 아닙니다. '자유'라는 이름으로 누리는 소중한 기회입니다.

마흔에는 몸도 마음도 자유롭기를 원합니다. 그래서 이제는 새장을 벗어나 못가에 사는 꿩이 되고자 합니다.

인생의 '진짜 곤경'을
찾아라

"할아버지, 여기 앉으세요."

지하철에서 일흔쯤 되어 보이는 어르신께 자리를 양보하기 위해 급히 일어났습니다. 그러자 그분은 조금 망설이시더니, 이내 자리에 앉으셨습니다. 그리고 잠시 뒤, 그분은 주머니에서 뭔가를 꺼내 내게 보여주었습니다. 허리를 숙여 자세히 보니, 이런 글씨가 눈에 들어왔습니다.

'○○마라톤 대회 풀코스 완주 증명서'

어르신은 미소를 지으며 내게 말했습니다.

"젊은이, 자리를 양보해 준 건 참 고맙네. 그런데 난 아직 노인이 아니야. 이렇게 마라톤 풀코스도 완주할 수 있다고."

나는 머쓱한 웃음을 지으며, 어르신께 죄송한 마음을 전했습니다.

『장자』「산목」편에 나오는 이야기입니다.

> 장자가 여기저기 기운 누더기 옷을 입고, 다 망가진 신을 삼줄
> 로 묶은 채 위왕魏王 앞을 지나자, 위왕이 물었다.
> "선생은 어째서 이런 곤경에 빠지셨습니까?"
> 장자가 대답했다.
> "난 단지 가난한 것이지, 결코 곤경에 빠진 것이 아닙니다. 선
> 비가 도덕을 지녔으면서도 그것을 천하에 실행할 수 없음이
> 곤경입니다. 낡은 옷과 신발을 입고 신어야 하는 처지는 가난
> 이지 곤경이 아닙니다. 내가 지금 겪는 고통은 바로 때를 만나
> 지 못한 것입니다."

> 莊子衣大布而補之, 正緳係履而過魏王.
> 魏王曰 "何先生之憊邪?"
> 莊子曰 "貧也, 非憊也. 士有道德不能行, 憊也. 衣弊履穿, 貧也,
> 非憊也. 此所謂非遭時也."

장자에게 좋은 옷을 입지 못하고, 질 좋은 신발을 신지 못하는 것은 '곤경'이 아니었습니다. 그런 것들은 최소한으로만 가지면 그만입니다. 추운 날 헐벗어야 한다거나 맨발로 자갈밭을 걸어야 하는 것이 아니라면 말입니다. 장자에게는 천하에 자신의 의지를 펼쳐야 한다는 중요한 사명감이 있었습니다. 그것을 실천하지 못하는 것이 장자에게는 고통이자 곤경이었습니다.

남을 측은하게 여기고 곤경에 빠졌다고 판단하는 일은 어쩌면 오만한 착각일 수 있습니다. 정작 그는 그 상황을 대수롭지 않게 여기고 때론 만족하는데 말입니다. 그럴 땐 그저 남을 응원하고 지지해 주는 마음이 먼저입니다. '나 자신'에게도 말입니다.

어떤 일에 실패하고 좌절감에 빠졌다면, 그것이 인생의 큰 그림 안에서 진짜 곤경에 처한 것인지 잘 생각해 봐야 합니다. 헤진 옷을 입어야 하는 약간의 불편함이 있겠으나, 그것은 어쩌면 한 발짝 도약할 수 있는 기회가 될 수도 있습니다.

장자가 말한 것처럼 삶에는 '진정한 곤경'이 있습니다. 인생은 자신이 간절히 바라는 목표, 즉 '곤경 거리'를 찾는 여정입니다. 그리고 그것을 찾은 사람만이 고민다운 고민을 하며 성장할 수 있습니다.

그런데 곤경에 빠졌다고 해서 걱정할 일은 또 아닙니다. 장자는 지금 겪는 곤경은 다만 때를 만나지 못해서 그런 것이라고 말합니다. 그러니 인생에서 '진짜 곤경'을 찾는 기쁨을 누리고, 그 이후에는 때를 기다리며 살아가면 됩니다. 인생은 열려 있기에 언젠가 반드시 당신의 때가 올 것이기 때문입니다.

어르신에게 자리를 양보했던 순간을 다시 떠올립니다. 어쩌면 어르신은 흔들리는 지하철 안에서 균형을 잡으며 다리 근력 운동을 하고 계셨을지 모릅니다. 다음 마라톤 대회를 준비하면서 말입니다.

지하철에서 두 다리를 곧게 딛고 흔들리듯 살아가는 마흔이지만, 결코 곤경에 빠진 것이 아님을 이제는 압니다. 좌우로 흔들리는 와중에 균형을 잡으며 다리 근육을 키우고, 인생이라는 긴 여정을 완주해 낼 힘을 기릅니다.

그렇게 단련된 마음으로 인생의 진짜 곤경을 찾아 나섭니다.

마흔에 걷는 도의 길

•

책을 가까이하는 삶을 통해 다양한 경험을 할 기회가 생겼습니다. 먼저 '읽는 삶'은 자연스럽게 '쓰는 삶'으로 이어져 딸에게 전하는 말을 담은 책을 내게 되었습니다. 그리고 책 속 지혜를 나누고자 하는 마음에 유튜브 채널을 개설했습니다. 출판사의 동의를 얻어 인문 서적의 일부를 낭독하는 콘텐츠를 주로 올렸는데, 처음에는 녹음하고 편집하는 과정이 쉽지 않았습니다. 그래서 틈만 나면 낭독 연습을 하고, 영상을 만드는 일에 몰두했습니다. 자연스레 가족과 함께하는 시간이 줄어들었는데, 이를 보다 못한 아내가 어느 날 한소리를 했습니다.

"여보, 책은 모르는 사람들한테 읽어 주는 일보다 우리 아이에게 읽어주는 일이 먼저 아닐까?"

순간, 인생에서 정말 중요한 게 무엇인지 놓치고 있다는 생각이 들었습니다. '진짜 곤경'에 빠진 것입니다. 그래서 마음을 고쳐먹고, 매일 딸아이가 잠들기 전, 머리맡에서 책을 읽어주기 시작했습니다. 그 기간이 벌써 4년에 가까워집니다. 딸아이는 종종 내게 이런 말을 합니다.

"아빠 목소리가 제일 따뜻하고 좋아."

먼 훗날 딸아이가 지치고 힘들 때, 아빠의 목소리를 떠올리며 힘을 내었으면 하는 바람입니다.

진흙 속에서 꼬리를 끌더라도
자유롭고 싶다

나긋한 내레이션으로 많은 인기를 끌었던 한 TV 프로그램이 있습니다. 속세에서의 삶을 정리하고 자연으로 들어가 유유자적 사는 사람들의 이야기를 담은 프로그램인데, 진행자가 자연인과 며칠 동안 먹고 자며 여러 가지 이야기를 나눕니다. 사람들은 자연인을 보며 속세의 근심을 털어내고, 하늘을 지붕 삼아 바람을 벽 삼아 살아가고픈 희망을 품습니다.

자연에서의 삶은 추위와 더위에 그대로 노출되는 고난의 날들입니다. 먹을거리도 풍족하지 않아 나물과 열매, 물고기 등으로 겨우 끼니를 때울 정도입니다. 그런데도 사람들은 자연인의 삶을 동경합니다. 그 이유는 무엇일까요? 화면 속 자연인들은 모두 밝고 긍정적입니다. 결코 고난 속에서 살아가는 사람들의 표정이 아닙니다. 오히려 제 나이보다 훨씬 젊고 활기차 보입니다.

『장자』「추수」편에 나오는 이야기입니다.

> 장자가 복수濮水에서 낚시를 하는데, 초나라의 위왕이 두 대부를 사자로 보내어 먼저 왕의 뜻을 알렸다.
>
> "왕께서 우리나라 정치를 선생에게 맡기고 싶다 하옵니다."
>
> 장자는 낚싯대를 쥔 채 거들떠보지도 않고 말했다.
>
> "나는 초나라에 신령스러운 거북이 있다고 들었는데, 그 거북은 죽은 지 삼천 년이나 되었지만, 왕은 그것을 비단으로 싸서 상자에 넣은 뒤 종묘에 모시고 국사를 점쳤다고 하더군. 그 거북은 죽어서 뼈를 남겨 사람들에게 받들어지기를 원했을까? 아니면, 차라리 살아서 진흙 속에 꼬리를 끌며 기어다니길 바랐을까?"
>
> 두 대부가 대답했다.
>
> "그거야 당연히 살아서 진흙 속에서 꼬리를 끌며 기어다니길 바랐을 테지요."
>
> 장자가 말했다.
>
> "그러면 어서 돌아가시게! 나도 진흙 속에서 꼬리를 끌며 자유롭게 기고 싶군!"

莊子釣於濮水, 楚王使大夫二人往先焉,

曰 "願以境內累矣."

莊子持竿不顧, 曰 "吾聞楚有神龜, 死已三千歲矣, 王以巾笥而

藏之廟堂之上. 此龜者, 寧其死爲留骨而貴乎? 寧其生而曳尾於

塗中乎?"

二大夫曰 "寧生而曳尾塗中."

莊子曰 "往矣! 吾將曳尾於塗中."

　장자는 좋은 벼슬자리를 뒤도 돌아보지 않고 거절합니다. 심지어 온 나라의 정치를 손에 쥐고 좌지우지할 수 있는 자리였는데도 말입니다. 장자는 높은 벼슬자리에 오르기보다 자유롭게 진흙탕을 뒹구는 거북이 되겠다고 말합니다. 이는 어디에도 얽매이지 않고 자유롭게 살고자 한 장자에게는 당연한 일인 것입니다.

　삶의 진짜 역경은 몸이 구속되는 것이 아닙니다. 생각이 자유롭지 못하면 편안한 잠자리, 풍족한 먹거리는 아무런 의미가 없습니다. 근심이 가득한 사람은 자나 깨나 걱정에 사로잡혀 일상을 제대로 꾸려나갈 수 없습니다.

　이제 자연인들의 밝은 표정과 활기찬 기운의 비밀을 알겠습니다. 일상이 불편하고 때론 견디기 힘든 고통이 찾아들 때도 있지만, 그들의 마음만은 어디에도 구속되지 않고 자유로웠습니다. 오히려 생활을 간소화하고 불편함을 자처할 때, 삶은 자연과 하나가 되었습니다.

넓은 우주, 태양계, 지구, 한 나라, 작은 도시, 점과 같은 집, 그리고 그 안에 사는 눈에 보이지 않을 정도로 작은 우리입니다. 혹시, 이렇게 겹겹이 둘러싸인 틀 안에서 생각도 함께 갇혀버린 건 아닌지 생각해 봅니다.

비록 몸은 늘 어딘가에 묶여 있더라도, 마음만은 바람을 타고 자유롭게 방랑하기를 바랍니다. 그 어떤 고난과 역경이 오더라도 더 큰 마음으로 모든 것을 희석해, 진정한 행복을 찾기 위해서 말입니다.

그리고 어디선가 들려오는 나긋한 내레이션을 듣습니다. 그 소리는 아마도 정화된 내 마음의 소리일 겁니다.

마흔에 걷는 도의 길

•

딸아이가 여섯 살 될 무렵, 어린이집에서 배워온 노래를 율동과 함께 불러주었습니다.

"배낭 메고, 모자 쓰고 신나게 캠핑 간다."

그날부터 캠핑을 준비하기 시작합니다. 그리고 얼마 뒤, 필요한 장비를 최소한으로 준비해 가까운 곳으로 캠핑을 떠났습니다. 조금 어설프긴 했지만, 자연에서 보내는 시간은 몸과 마음의 쉼을 얻기에 충분했습니다. 그날 이후로 우리 가족에게 캠핑은 '언제든 떠나고 싶은 휴식'이 되었습니다.

자연은 우리에게 무얼 하라고 강요하지 않습니다. 우리가 할 일은 그저 불어오는 바람을 느끼고, 햇볕을 쬐고, 계절의 흐름을 느끼는 일입니다. 그렇게 자연을 가까이하는 것만으로도 몸과 마음을 치유받습니다.

마흔에는 몸과 마음의 방향을 자연으로 둡니다. 그리고 그곳에서 인생을 살아낼 힘을 얻습니다.

칭찬할 줄 아는 사람만이
성장한다

지나친 우월감에 빠져 사는 사람은 남을 칭찬하는 법이 없습니다. 그런 사람은 자기보다 뛰어난 누군가를 시기하고 질투하기에 바쁩니다. 홀로 거울 속 자신과 살아가는 것이 아니라면, 세상 어딘가에는 자기보다 뛰어난 사람이 있다는 것을 깨달아야 합니다.

요한 볼프강 폰 괴테Johann Wolfgang von Goethe는 "남의 장점을 발견하고 칭찬할 줄 알아야 한다. 그것은 남을 자기와 동등한 인격으로 여긴다는 의미를 갖는다."라고 말했습니다. 그러므로 칭찬은 상대뿐 아니라 자기를 존중하는 일이기도 합니다. 남을 진정으로 칭찬할 줄 알아야 자기 자신도 인정하고 칭찬할 수 있습니다.

『장자』「추수」편에 나오는 이야기입니다.

가을장마가 지나자, 모든 냇물이 황하로 몰려들었다. 황하는 갑자기 물이 불어 양쪽 강둑 사이에 있는 것이 소인지 말인지 분별할 수 없을 정도였다. 이 광경을 본 황하의 신, 하백河伯은 몹시 기뻐하며 천하의 아름다움을 혼자 점유한 것처럼 득의양양했다. 하백이 강줄기를 따라 동쪽으로 가다가 북해에 이르러 동쪽을 바라보니, 그 끝이 보이지 않았다.

그때야 비로소 하백은 얼굴을 돌려 북해의 신, 약若을 우러러보면서 탄식했다.

"속담에 '겨우 백 가지 도를 알고 천하에 자기보다 아는 자 없는 줄 안다'라고 하더니, 나를 두고 한 말이군요. 이전에 나는 공자의 식견이 얕다 여기고, 백이伯夷의 의로움을 업신여긴 이론을 듣고 믿기지 않았는데, 지금 당신의 무한한 모습에 그 속담이 그럴싸한 것임을 알았습니다. 내가 선생님의 문하로 찾아와 보지 않았더라면 큰일 날 뻔했군요. 나는 오랫동안 위대한 도를 터득한 사람들에게 웃음거리가 될 뻔했습니다."

秋水時至, 百川灌河, 涇流之大, 兩涘渚崖之間不辯牛馬. 於是焉河伯欣然自喜, 以天下之美爲盡在己. 順流而束行, 至於北海,

東面而視, 不見水端, 於是焉河伯始旋其面目,

望洋向若而歎曰 "野語有之曰 '聞道百以爲莫己若者' 我之謂

也. 且夫我嘗聞少仲尼之聞而輕伯夷之義者, 始吾弗信, 今我睹

者之難窮也, 吾非至於子之門, 則殆矣, 吾長見笑於大方之家."

　황하의 신 하백은 드넓은 북해의 신 약을 보며, '시기'와 '질투' 대신 '칭찬'을 택합니다. 대인배의 모습입니다. 만약 하백이 칭찬에 인색했더라면, 끝없이 펼쳐진 북해가 넓기만 했지, 탁하고 지저분하다고 트집을 잡았을 겁니다. 그리고 자신은 절대 북해의 명성에 도달하지 못하리라는 깊은 패배감에 좌절하고 말았을 것입니다. 하지만 북해의 신을 칭찬하는 하백 모습에서는 새로운 삶의 목표를 찾은 자의 기쁨마저 느껴집니다.

　남의 잘난 점을 있는 그대로 인정할 수 있는 자는 자신의 한계점을 두지 않는 사람입니다. 언젠가 자신도 그 위치에 설 것을 알기에 남과 자신을 동등하게 바라보고 칭찬할 수 있는 것입니다. 반면, 시기와 질투가 앞서는 사람은 자신의 한계점에 부딪혀 더 이상 앞으로 나아가지 못합니다.

　어린아이를 칭찬할 땐 시기하는 마음이 생기지 않습니다. 당연한 일입니다. 아이가 도전하는 일이 손쉬워 보여서이기도 하지만,

주된 이유는 아이의 순수한 모습에 마음이 동하기 때문입니다. 어린아이를 칭찬하는 마음으로 세상을 바라보면, 시기심은 사라지고 모두가 존귀해 보입니다. 그렇게 남을 칭찬할 수 있는 마음이야말로, 자신의 한계점을 넘어서는 진정한 힘이 됩니다.

황하의 신 하백은 수천 년 뒤에는 자신의 본체가 북해로 흘러 들어가 드넓은 바다를 이루리라는 희망을 품습니다. 그날이 오면 하백 자신과 약의 구분은 의미가 없습니다. 어쩌면 하백이 약을 칭찬하던 그 순간부터 하백이 약이고, 약이 하백이었는지도 모르겠습니다. 결국, 남을 칭찬하는 것은 남과 자신을 동등한 인격으로 여기는 일인 것입니다.

마흔에 걷는 도의 길

•

칭찬은 긍정적인 기운을 전하는 강력한 수단입니다. 더군다나 진심을 담은 칭찬 한마디는 누군가의 삶에 '이정표'가 되기도 합니다. 칭찬이 습관이 되면, 일상은 남의 좋은 점을 찾기 위한 즐거운 여정이 됩니다. 그리고 칭찬은 궁극적으로 남과 자기를 동일화하는 과정이기에, 상대의 장점을 배우기 위한 마음 자세입니다.

직장에서 같은 일을 해도 빠르고 정확하게 하는 사람이 있습니다. 그런 사람은 남들보다 승진도 빠르고 대우도 좋습니다. 경쟁자의 관점에서 보면 시기심이 일기 딱 좋은 사람입니다.

마흔에는 그런 사람을 마주하면, 그의 잘난 점을 구체적으로 찾아보고 칭찬하기로 합니다. 그러자 시기심에 눈이 멀어 미워하기만 하던 상대가 정말 대단해 보입니다. 그리고 그의 업무 처리 방식, 사람을 대하는 자세, 사소한 습관에 관심이 생깁니다. 날이 갈수록 칭찬은 자연스러워지고, 그를 대하는 마음가짐은 시기와 질투에서 '존중'으로 바뀝니다.

칭찬만 했을 뿐인데, 어느새 그의 장점은 곧 나의 장점이 되어 있습니다. 단순히 남을 따라 하는 것이 아닌, 칭찬으로 시작한 존중의 마음가짐은 진정한 성장을 이끕니다.

근심을 더하는 이도,
덜어내는 이도 자신이다

몸 건강뿐 아니라 마음 건강도 중요합니다. 아무리 건강한 사람도 마음이 무너지면 온전하게 살아갈 수 없습니다. 눈에 보이는 몸은 운동을 통해 체계적으로 단련할 수 있습니다. 하지만 마음은 그렇지 않습니다. 눈으로 볼 수도, 손에 잡을 수도 없기에, 평생을 돌봐도 '마음 건강'은 자부할 수 없습니다.

사람의 수명은 점점 늘어나 백 세 시대에 접어들었습니다. 그런데 수명이 늘어남과 비례해 정신 건강 문제가 대두됩니다. 아이러니하게도 오래 살게 되었지만, 사람들은 점점 더 우울하고 불행해졌습니다. 늘어난 몸의 수명만큼 마음 수명이 늘어나지 못한 탓입니다.

그렇다면 보이지 않는 마음 건강은 어떤 것을 의미할까요?

마음이 건강한 사람은 삶에 '근심'이 없습니다. 근심의 사전적 의미는 '해결되지 않은 일 때문에 속을 태우거나 우울해함'입니다. 근심거리가 생기면 답답함에 주먹을 동그랗게 움켜쥐고 가슴을 내려치기도 합니다. 마음 건강을 챙기려면 근심거리를 만들지 않거나 이미 생긴 근심을 하나둘 덜어내야 합니다.

『장자』「지락」편에 나오는 이야기입니다.

> 사람이 태어나 산다는 것은 근심을 안고 살아간다는 뜻이며, 오래 산다고 해도 역시 근심에 매여, 차라리 죽고 싶어도 죽지 못하는 것이니, 얼마나 괴로운 일인가! 이렇게 육체를 보전하고 위하는 일은 결국 참된 즐거움에서 멀고 먼 것이다.
>
> 人之生也, 與憂俱生, 壽者惛惛, 久憂不死, 何故也! 其爲形也 亦遠矣.

장자는 사람은 태어남과 동시에 근심을 안고 살아가는 존재라고 했습니다. "삶은 고통이다."라는 부처의 말씀과 일맥상통하니다. 장자는 육체를 보전하는 일은 근심에서 벗어나지 못하는 일이니, 오래 사는 것은 괴로운 일일 뿐이라고 합니다. 자연을 따르는 삶을 통해 만물의 상대성을 깨우친 장자조차도 때때로 근심거리가 있었던 모양입니다.

그렇다고 삶을 포기할 수는 없는 일입니다. 마음 건강을 위해 근심거리를 하나둘 비워내야 합니다. 근심은 '해결되지 않은 일' 때문에 생겨납니다. 현실과 이상이 다를 때 '해결되지 않음'이라는 결론에 다다릅니다. 목표에 대한 열망이 강할수록 기대보다 못한 결과에 좌절하고 속을 태우게 됩니다.

장자는 "모든 만물은 상대성에 따라 존재한다."라고 여러 차례 이야기합니다. 자신이 이루어 낸 결과가 그 자체로 아무런 의미가 없는지 살펴봐야 합니다. '어떤 일에 실패했다', '그것으로는 부족하다', '아름답지 않다'라는 생각들은 반대되는 기준과 비교해서만 가능한 판단입니다. 현상을 있는 그대로 보지 못하고 더 나은 무언가와 비교하기 시작할 때, 눈앞의 일은 '해결되지 않은 일'이 되는 것입니다.

인생의 참된 즐거움은 누가 만들어주지 않습니다. 그저 스스로 깨닫고 마음속 근심을 덜어내는 과정에서 얻을 수 있습니다. 누구나 근심 없는 삶을 꿈꾸지만, 그 방법을 아는 사람은 그리 많지 않습니다.

무언가를 이루기 위해 열심히 내달리지만, 자기 생각과 다르게 흘러가는 일상에 근심은 늘어갑니다. 하지만 인생에 최선을 다하는 사람일수록 자기를 사랑하고 근심을 덜기 위해 노력해야 합니다.

혹시 지금 해결되지 않은 일에 속을 태운다면, 잠시 멈춰서서 생각해 보십시오. 당신이 걸어온 길에서 어떤 배움이 있었고, 지금의 결과는 어떤 의미가 있는지를. 작은 결실이라도 괜찮습니다. 당신이 마음먹는 순간, 작은 결실은 참된 즐거움을 누리는 큰 밑거름이 될 테니 말입니다.

마흔에 걷는 도의 길

●

자기 믿음이 강할수록 '실패'를 경험하는 일이 줄어듭니다. 자신의 노력을 깎아내리지 않고, 어떤 결과가 따르든 겸허히 받아들일 수 있기에, 같은 결과도 실패로 여기지 않기 때문입니다. 이런 자기 믿음은 스스로와의 약속을 지키는 마음가짐으로부터 생겨납니다.

하루는 아이가 눈을 감고 엄지와 약지를 뻗어 가슴에 대고 혼잣말을 하고 있었습니다. 행동의 의미가 궁금해서 아이에게 묻습니다. 그랬더니 아이는 눈을 뜨고 이렇게 말합니다.

"지금 내 마음이랑 약속하는 거야."

마음의 근심을 덜려면 그 어떤 평가에도 휘둘리지 않는 자기 믿음이 필요합니다. 그리고 그 믿음은 자기와의 약속을 지킬 줄 아는 사람만이 가질 수 있는 선물입니다. 나이를 먹어가며 자기 자신과의 약속을 가볍게 여기는 것은 아닌지 되돌아봐야 합니다. 갖가지 핑계를 대며 스스로에게 한 약속을 어기고, 그런 날들 속에 자기 불신은 쌓여갑니다.

마흔에는 마음의 근심을 덜기 위해서 손가락을 걸고 약속합니다. 물론 내 마음에 대고 하는 약속 말입니다.

'죽음'으로 얻을 수 있는 깨달음

종종 상상했던 내 장례식엔

축하와 환호성 또 박수갈채가 있는 파티가 됐으면 했네

왜냐면 난 천국에 있기 때문에

악뮤 멤버 이찬혁이 부른 〈장례희망〉이라는 곡 가사입니다. 가수가 직접 작사·작곡한 곡으로, 자신의 장례식이 박수갈채와 환호가 함께하는 축제의 장이 되었으면 하는 바람을 담았습니다.

떠난 사람을 그리워하는 가족들은 죽은 이를 위해 성대한 장례식을 치러주기도 합니다. 이승의 삶이 전부라고 생각하는 사람은 죽음을 '존재의 상실'로 여기며, 죽은 이를 가엾게 여깁니다. 하지만, 죽음 이후를 아는 사람은 아무도 없습니다. 어쩌면 죽음은 생명이 태어날 때 겪는 고통처럼 새로운 세계로 진입하는 과정일 수 있습니다. 그러니 죽음을 마냥 두려워만 할 이유가 없습니다.

『장자』「열어구」편에 나오는 이야기입니다.

> 장자의 죽음이 얼마 남지 않자, 제자들이 모여 장례를 성대하게 지내려고 했다. 그러자 장자가 이를 거절하며 말했다.
>
> "나는 하늘과 땅을 관으로 삼고, 해와 달을 한 쌍의 구슬 장식으로 삼으며, 별자리들을 진주와 옥 장식으로 삼고, 만물을 부장품으로 삼으려고 하니, 나의 장례용품은 부족한 것이 없지 않으냐? 여기에 무엇을 더 보태려고 하느냐?"
>
> 제자들이 말했다.
>
> "그리하면, 저희는 까마귀나 솔개가 선생님을 뜯어먹을까 두렵습니다."
>
> 장자가 말했다.
>
> "내 육신을 들판에 내어놓으면 까마귀와 솔개가 먹을 것이고, 땅에 묻으면 개미들이 먹을 것이다. 이것들이 먹는다고 그것을 빼앗아 저것들에게 주는 것이다. 어째서 그리 한쪽만을 생각하느냐?"

莊子將死, 弟子欲厚葬之.

莊子曰 "吾以天地爲棺槨, 以日月爲連璧, 星辰爲珠璣, 萬物爲

齎送. 吾葬具豈不備邪? 何以加此?"

弟子曰 "吾恐烏鳶之食夫子也."

莊子曰 "在上爲烏鳶食, 在下爲螻蟻食, 奪彼與此, 何其偏也?"

　장자는 죽음에 큰 의미를 두지 않았습니다. 숨을 거둔 자신의 육신이 그저 자연과 하나가 되길 바랐습니다. 성대한 장례식을 준비하던 제자들을 나무라면서 말입니다. 오히려 장자는 '자연이 자신의 육신을 취하는 과정'이 어느 한쪽으로 치우치지는 않을까 염려했습니다.

　그런데 평범한 우리가 죽음에 초연하기란 쉽지 않은 일입니다. 소중한 사람의 마지막을 떠올리는 것만으로도 가슴이 먹먹하기 때문입니다. 그럼에도 자연의 흐름을 거스를 수 없기에, 어떻게 해서든 죽음을 현명하게 받아들여야 합니다.

　물리학 박사 김상욱 교수는 한 TV 프로그램에서 "우주에는 죽음이 더 자연스러운 현상이다. 원자들은 대부분 죽은 상태로 있다가 생명이라는 정말 이상한 상태로 잠깐 머물 뿐이다. 죽음은 영원불멸한 원자 상태로 되돌아가는 자연스러운 현상이다. 사랑하는 사람은 지구를 떠나 별의 일부가 되거나 나무가 되어 곁에 머무는 것이다."라고 말했습니다. 물리학의 관점으로 바라본 죽음은 결코 슬픈 일이 아니었습니다.

마흔에 걷는 도의 길

•

축제의 장이 된 장례식을 상상해 봅니다. 죽음을 애도하며 눈물을 쏟는 것이 아닌, 죽은 이와의 추억을 회상하고 또 다른 형태로 존재할 그를 응원하는 모습을. 그런데 박수갈채를 받으며 죽고 싶다면 잘 살아야 합니다. 죽는 순간까지 후회와 원망의 말을 쏟아내는 사람을 위해 축제를 열어줄 이는 아무도 없기 때문입니다.

죽음은 두렵지만, 아무도 알지 못하는 미지의 세계로 향하는 문입니다. 그 문을 열기까지 삶에 응어리를 남기지 않으려면 덜어내는 연습을 합니다. 장자가 말한 것처럼 '죽음'은 '삶'이 있기에 존재하고 삶은 죽음이 있기에 존재합니다. 삶에 초연해야 가벼운 죽음을 맞이할 수 있습니다.

마흔에는 자주 죽음을 떠올립니다. 그리 멀지도 가깝지도 않은 죽음은 이제 두렵기만 한 현상이 아닙니다. 아직은 나의 죽음이 누군가의 슬픔이 될 거란 생각에 가슴이 먹먹해지지만, 축제가 될 죽음을 준비하며 그들의 얼굴에도 눈물이 아닌 미소가 번지길 바라봅니다.

관계의 평화를 원하는
마흔에게

3장

묵묵히 들어주는 것이
최고의 응원이다

사람에 상처받고 이리저리 흔들리던 젊은 날, 마침 하는 일도 절묘한 이유로 좌절을 맛봤습니다. 힘든 마음은 쉽게 치유되지 않았습니다. 잠시 쉬면서 건강을 되찾은 몸이 정신을 이끌어 주길 바랐지만, 한동안 꽤 흔들렸습니다.

그런 나를 다시 일으켜 준 것은 바로 어머니의 '경청'과 '침묵'이었습니다. 모든 부모가 그렇겠지만 자식의 아픔을 바라보는 것은 참 힘든 일입니다. 그럴 때 부모는 무언가라도 도움이 되고 싶은 마음에 여러 가지 조언을 하고, 경제적인 지원을 해주기도 합니다. 그런데 자칫 성급한 조언은 힘든 마음에 기름을 끼얹어 잿더미가 될 때까지 타버리게 만들 수도 있습니다. 또, 반복되는 경제적 지원은 스스로 일어설 힘을 잃게 만들 수 있습니다.

힘든 마음을 누군가에게 털어놓으려면 용기가 필요합니다. 그리고 그 마음을 진실로 아는 상대는 어렵게 꺼낸 말을 허투루 듣지 않습니다. 그날 어머니는 아무런 말씀도 하지 않으셨습니다. 그렇다고 나의 말을 이해하지 못하신 것도 아닙니다. 어머니의 눈빛은 다정했고, 아들의 아픔을 고스란히 나눠 지겠다는 결연함마저 느껴졌습니다. 순간, '누군가에게 속 얘기를 이렇게 오랫동안 해본 적이 있었나?'라는 생각이 들었습니다.

어머니의 경청, 그리고 침묵. 한동안 정신없이 말을 쏟던 나는 어느새 비워진 마음에 희망을 채워갑니다. 그렇게 인생을 다시 살아낼 힘을 얻게 되었습니다.

『장자』「덕충부」편에 나오는 이야기입니다.

> 노나라 애공哀公이 공자에게 물었다.
> "위나라에 애태타라는 추남이 있었는데 남자들도 그와 함께 생활하게 되면 곁을 떠나기를 싫어할 정도이고, 그를 본 여인들은 자기 부모에게 '남의 아내가 되기보다는 차라리 그의 첩이 되겠다'라고 애걸한다는데, 그런 이가 수십 명이 넘는다고 합니다.
> 그런데 애태타는 그동안 무엇을 내세워 주장한 적이 없고, 다

만 남의 의견을 말없이 따른다고 합니다. 그렇다고 뛰어난 지위가 있는 것도 아니요, 남을 배부르게 할 만큼 재산을 모아 둔 것도 아니랍니다. 다만 추한 얼굴은 온 천하 사람들을 놀라게 하고 있습니다."

魯哀公問於仲尼曰 "衛有惡人焉, 曰哀駘它. 丈夫與之處者, 思而不能去也. 婦人見之, 請於父母曰 '與爲人妻, 寧爲夫子妾'者, 十數而未止也.

未嘗有聞其唱者也, 常和人而已矣. 無君人之位以濟乎人之死, 無聚祿以望人之腹. 又以惡駭天下."

애태타는 남녀 구분 없이 모든 이에게 사랑받는 '인기인'입니다. 추남임에도 인기가 많았던 비결은 자기주장을 내세우지 않고, 그저 남의 말을 들어주는 데 있었습니다. 말주변이 없거나 말수가 적은 사람은 대화에 있어서 소극적이기 마련입니다. 그런데 애태타는 그저 대화에 소극적인 사람이 아니었습니다. 말주변이 없어 머뭇거리거나 어색한 미소로 말을 얼버무리는 사람이 인기인일 리 없기 때문입니다. 그는 누구보다 잘 들어주고, 공감하며, 보이지 않는 응원을 할 줄 아는 사람이었습니다. 애태타에게 속마음을 털어놓은 사람들은 자기 삶을 희망으로 채워나갔을 겁니다.

그저 묵묵히 들어주는 것이 최고의 응원입니다.

주변에는 자기 고집만 강요하며 '답정녀'로 사는 사람이 많습니다. 답정녀는 '답은 정해져 있으니 너는 대답만 해'라 라는 태도로 자기주장을 펼치는 사람을 가리킵니다.

사람은 누구나 답정녀 자세를 마음에 품고 있습니다. 가슴에 손을 얹고 생각해 보십시오. 상대에게 꺼낸 말이 부정어를 달고 되돌아오길 바라는지를. 그러니 어설픈 위로의 말보다 진심 어린 경청과 침묵이 더 큰 힘이 되는 법입니다.

당신 곁의 소중한 사람이 힘들어한다면, 오늘은 그저 묵묵히 들어주는 건 어떨까요? 아마도 그에겐 최고의 위로가 될 겁니다.

마흔에 걷는 도의 길

●

직장 내 선배 중에 '민원 해결의 대가'로 불리는 분이 있습니다. 꼬일 대로 꼬여 답이 없어 보이는 민원도 그분이 담당을 맡게 되면, 어느새 합의점을 찾게 됩니다. 마침 그분과 대화를 나눌 기회가 생겨 '민원 해결 비법'을 여쭈었습니다. 선배는 특별할 게 없다는 듯 비법을 알려주었습니다.

"비법이라고 할 게 없어. 그냥 상대방 이야기를 다 듣고 나서 한 번 더 묻고, 두 번 더 묻고. 그러고 나서도 더 할 말이 없다고 하면, 그때 내가 할 말을 하는 거야."

선배는 화가 난 채 찾아온 민원인에게 이야기할 시간을 충분히 준다고 했습니다. 상대가 이야기를 마쳐도 미처 생각하지 못한 내용이 없는지 확인하고, 또 확인하고 나서야 자신이 할 말을 한다고 했습니다.

살면서 '해야만 하는 이야기'가 있습니다. 남에게 득이 되는 이야기라면 수십 번도 할 수 있지만, 상대가 손해를 감수해야 하는 내용일 경우 이야기를 꺼내기가 쉽지 않습니다. 아무리 논리적으로 내용을 전달해도 상대방이 흔쾌히 받아들일 리가 없기 때문입니다.

그럴 땐 '해야만 하는 이야기'의 순서를 상대의 말이 끝난 뒤로 미루는 것이 좋습니다. 상대가 자기 본심을 최대한 드러내고 쏟아낼 수 있도록 말입니다. 그러면 할 말을 마친 상대는 내가 전하는 이야기를 전보다 깊게 이해하게 됩니다. 견해 차이를 분명하게 확인하는 것이 오히려 합의점을 찾아가는 출발점이 되는 것입니다.

그렇게 마흔에는 먼저 귀를 열고, 할 말은 뒤로 미룹니다.

공연히 자랑하지 않아야
화를 면할 수 있다

삶에서 가장 명쾌하지 않은 분야를 꼽으라면 누군가와 관계를 맺고 살아가는 '처세'가 빠지지 않습니다. 둘도 없이 친했던 사람과 하루아침에 등을 돌리는가 하면, 얼굴만 봐도 핏대를 세우기 일쑤던 사람과 절친한 사이가 되기도 합니다. 이처럼 아리송하기만 한 인간관계를 물처럼 유연하게 관리하기란 불가능해 보입니다.

『장자』「산목」편에 나오는 이야기입니다.

> 배를 타고 황하를 건너는데, 아무도 없는 빈 배가 다가와 내 배에 부딪힌다면 비록 속이 좁고 너그럽지 못한 마음을 가진 사

람일지라도 화내지 않을 것이다. 그런데 만약 한 사람이라도 그 배 위에 타고 있었다면, 곧 소리치며 불같이 화를 낼 것이다. 한 번 소리쳐서 듣지 못하면 두 번 소리치고, 그래도 듣지 못하여 세 번을 소리칠 때는 반드시 욕설이 뒤따를 것이다. 배에 부딪힌 것은 같으나 앞에서는 화내지 않다가 지금 화내는 것은 앞의 배는 비었고 지금의 배는 찼기 때문이다. 사람도 마땅히 자기를 비우고 세상을 살아간다면 누가 그를 해칠 수 있겠는가.

方舟而濟於河, 有虛船來觸舟, 雖有惼心之人不怒. 有一人在其上, 則呼張歙之. 一呼而不聞, 再呼而不聞, 於是三呼邪, 則必以惡聲隨之. 向也不怒而今也怒, 向也虛而今也實. 人能虛己以遊, 世 其孰能害之.

장자는 남들의 시기와 비난에서 벗어나려면 자신을 '빈 배'와 같이 만들어야 한다고 말합니다. 인간관계에 있어서 속 편한 마흔이 되려면 스스로 자랑하지 않아야 합니다. 적이 많은 사람을 살펴보면 단순히 재주가 뛰어나거나 부유해서 남들의 시기를 사는 게 아닙니다. 틈만 나면 제 입으로 자기 자랑을 떠벌리기 좋아해서 어딜 가나 미운털이 박힙니다.

때론 똑똑한 자식을 자랑하고 싶습니다.

때론 예쁘고 가정을 살뜰히 챙기는 아내를 자랑하고 싶습니다.

때론 연일 상한가를 치며 지갑을 불려주는 주식을 자랑하고 싶습니다.

때론 지난 연휴에 다녀온 멋진 휴양지의 풍경 사진을 자랑하고 싶습니다.

이런 유혹들이 배를 비우지 못하게 합니다. 특히 인생의 방향키를 이제 막 견고하게 틀어잡은 마흔은 더더욱 자랑거리가 넘칩니다. 가정에서도 직장에서도 어느 정도 자리를 잡은 마흔은 삶 곳곳에서 자신만의 노하우를 쌓아가는 시기이기에, 노력에 따른 결실을 하나둘 얻을 때입니다. 그 열매의 크기가 크든 작든, 자기 손으로 일구어낸 결과물은 보는 것만으로도 자부심을 느끼게 합니다. 그렇기에 자랑하고 싶은 욕망을 억누르기란 결코 쉬운 일이 아닙니다. 그런데 스스로 말하지 않는다고 해서 잘난 자식, 재력, 예쁜 아내, 좋은 집이 어디로 사라지는 것이 아닙니다.

스스로 자랑을 떠벌리는 사람의 배는 욕망만 그득한 뱃사공을 태운, 빈약하기 그지없는 배에 지나지 않습니다. 반면, 그저 남이 인정하는 공적을 쌓아서 만든 배는 견고한 재질의 튼튼한 빈 배가 되는 것입니다. 이때 '견고한 빈 배'에 누군가가 다가와 부딪히더라도 되려 상대는 고래고래 소리치기보다 고급스러운 배의 자태를 넋 놓고 구경하게 되는 것입니다.

때론 내 마음의 배를 비우지 못한 채 누군가에게 먼저 다가가 부딪히곤 합니다. 상대의 배가 비어있다면 그나마 다행이지만, 마주한 배에도 험상궂은 뱃사공이 타고 있다면 상황은 일촉즉발입니다. 어느 한쪽이 참지 않는 순간 서로의 배를 넘나들며 멱살잡이가 시작되는 것입니다. 이렇듯 빈 배는 자신이 충돌 사고의 가해자가 되든 피해자가 되든 원만한 합의를 가능케 하는 만능 보험입니다.

삶에서 실패는 마음을 비운다는 측면에서 바라봅니다. 적어도 이룬 공적이 없으니 마음의 배는 비워졌을 테고, 누군가의 배와 부딪히더라도 상대는 화를 내며 달려들지 않습니다. 그러니 결코 서글픈 일이 아닙니다.

오히려 들인 노력에 비해 큰 결실이 따라올 때 정신을 차려야 합니다. 인정 욕구가 발현되어 남에게 자랑을 늘어놓는 순간, 당신과 부딪힌 누군가는 어김없이 손가락질할 것이기 때문입니다.

때론 공연히 자랑하지 않는 태도로 일관하는데도 악의적인 공격을 해오는 사람이 있습니다. 그 사람의 배에는 평범한 뱃사공이 아닌, 칼과 창으로 무장한 병사 한 무리가 탄 것입니다. 그럴 때를 대비해 평소 실력을 쌓고 그에 걸맞은 겸손함으로 견고한 빈 배를 만들어야 합니다.

마음의 배를 비우고 스스로 자랑하지 않는 마흔은 평화롭습니다.

거기다 남에게 보여주기 위해서가 아닌 진짜 좋아하는 일을 찾은 마흔은 즐겁습니다.

그렇게 마음의 빈 배가 견고해질수록 인생이라는 바다의 너울에 흔들리지 않을 수 있습니다.

마흔에 걷는 도의 길

●

마당에 풀어 놓은 수탉들 사이에서 서열 싸움이 일어났습니다. 한 수탉이 큰 덩치와 사나운 기세로 다른 수탉들을 정리하고 우두머리에 올라섰습니다. 수탉은 자신의 권위를 마당 천하에 선포하기 위해 처마에 올라서서 날개를 펴고 큰 소리로 울어댔습니다. 그때, 마침 하늘 위를 날던 독수리가 그 모습을 보고 쏜살같이 날아와 수탉을 낚아채 갑니다. 이제 막 우두머리가 된 수탉은 작은 싸움에서 이긴 것을 자랑하다가 목숨을 잃고 말았습니다.

인생에서 공연히 자랑하는 일을 줄여야 화를 면할 수 있습니다. 그런데 인정 욕구 또한 인간의 본능이기에 자신의 공적을 그대로 흘려보내기에는 아까운 것이 사실입니다. 그럴 땐 목표를 달성하기까지의 과정을 다시 한번 되새기고, 스스로 칭찬하면 됩니다. 남에게 자랑하는 것은 금물이지만, 자기 자신에게만큼은 넉넉히 자랑해도 되기 때문입니다.

마흔에는 그동안 일구어낸 크고 작은 일들을 떠올립니다. 그리고 마음속으로 '고생 많았어. 정말 잘했어.'라는 칭찬의 말을 전합니다.

스스로 빛나면
그림자가 지지 않는다

요즘 유행하는 콘텐츠는 한 번 탄력을 받으면 단 몇 시간 만에 전국으로 퍼집니다. 게다가 신비롭기까지 한 영상은 순식간에 전 세계 핫이슈로 떠오릅니다. 얼마 전 우리나라 학생이 동영상 플랫폼에 올린 '공중 부양하듯 걷는 춤'인 슬릭백 영상이 조회수 이억 회를 기록하기도 했습니다.

마치 스마트폰에 추적 장치라도 설치된 듯 검색 한 번, 터치 한 번만으로도 쉴새 없이 관련 콘텐츠가 올라옵니다. 어떨 땐 그저 머릿속으로 필요한 물건을 떠올렸을 뿐인데, 마법처럼 추천 광고가 눈앞에 나타나기도 합니다. 정보를 접하는 데 더할 나위 없이 편리한 세상이지만, 때론 누군가가 특정 정보를 소비하게끔 조종하는 것은 아닌지 의심이 들기도 합니다.

지금 보는 영상, 쇼핑몰 장바구니에 담겨 있는 상품들, 새롭게 출시됐다는 프랜차이즈 식당의 메뉴. 이런 것들은 과연 자기가 진짜 원해서 얻은 정보일까요?

『장자』「제물론」편에는 그림자와 망량 이야기가 나옵니다. 망량은 그림자의 바깥 테두리에 있는 옅은 곁 그림자를 말합니다.

어느 날 망량이 그림자에게 말했다.

"너는 걷는가 싶으면 멈춰 서고, 앉는가 싶으면 일어서는구나. 왜 그렇게 줏대 없이 행동하니?"

그러자 그림자가 대답했다.

"나는 내 주인이 움직이는 대로 움직일 뿐인데, 줏대가 없다니! 그런데 과연 우리 주인은 자신의 의지대로 움직이는 걸까? 어쩌면 우리 주인조차 다른 무언가에 의해 움직이는 것은 아닐까? 그러니 우리는 우리가 왜 움직이는지 도저히 알 수 없는 거지."

罔兩問景曰 "曩子行, 今子止, 曩子坐, 今子起. 何其無特操與?"

景曰 "吾有待而然者耶? 吾所待又有待而然者耶? 吾待蛇蚹蜩翼耶? 惡識所以然? 惡識所以不然."

망량은 그림자를 따를 수밖에 없습니다. 그림자는 본체인 사람을 따를 수밖에 없고요. 사람이 팔을 내저으면 그림자가, 그림자가 팔을 내저으면 망량이 차례로 팔을 내젓습니다. 속박에 속박을 당하는 망량은 답답한 마음에 볼멘소리를 합니다.

그 어느 시대보다 정보의 취사선택이 자유로운 세상에서 아이러니하게도 사람들은 획일화된 유행을 좇습니다. 마치 누군가에게 휘둘리는 망량처럼 말입니다. 다양하게 추천되는 듯했던 정보들은 실은 보이지 않는 무언가가 의도한 한정된 정보였던 것입니다.

아직도 세상에 궁금한 게 많은 마흔은 유행을 좇습니다. 그럴수록 자신의 빛은 흐려져 그림자처럼 검은색으로, 결국은 망량처럼 흐릿한 잿빛이 되고 맙니다. 주위 사람 모두가 재밌어하는 '그것'이 정말 재미있나요? 잠시 멈춰서서 생각해 봐야 합니다.

스스로 빛나는 사람은 자신의 그림자를 만들지 않습니다. 오직 주변을 밝혀 빛이 도달하는 곳의 형상을 가늠하고, 그 물체의 그림자, 그리고 망량을 만들 뿐입니다. 그렇게 자신만의 빛을 되찾아 누군가의 그림자에서 벗어나야 합니다.

마흔에 걷는 도의 길

●

인터넷 발달 전인 1990년대 초만 해도 궁금한 것이 있으면, 도서관으로 향했습니다. 철학, 역사, 과학, 인문, 고전 등 숫자로 분류된 책장 앞에 서서 원하는 정보를 얻으려고 이책 저책을 꺼내봤습니다. 특정 정보를 얻고자 들른 도서관은 가지를 뻗고 이어지는 다양한 지식의 보고였습니다. 그리고 짧게는 몇 시간, 길게는 며칠에 걸쳐 얻은 책 속 구절은 두고두고 머릿속에 남아 삶의 양분이 되었습니다.

요즘은 에둘러 갈 필요 없이 검색어를 입력하면 원하는 정보를 곧바로 얻을 수 있습니다. 원하는 정보만 얻을 수 있기에, 필요하지 않은 정보는 아예 들춰볼 필요가 없습니다. 책장을 넘기며 다양한 이야기를 알아가던 옛날과는 다른 모습입니다. 왠지 그 시절이 그립기도 합니다.

마흔에는 정말 궁금한 것이 생기면, 스마트폰으로 검색하는 대신 메모지에 따로 적어둡니다. 그리고 도서관에 들러 메모지를 꺼내 들고 보물찾기하듯 정보를 찾아 나섭니다. 수만 권의 책 사이에서 원하는 정보를 찾아 나서는 길은 계획 없이 떠나는 여행과도 같습니다. 무심코 꺼내든 책에서 생각지 못한 지식을 배우고, 그 단편적인 지식은 서로 연결되어 지혜가 됩니다.

그렇게 나날이 지혜를 쌓아 누구에게도 휘둘리지 않는 인생을 만들어 갑니다.

자신의 판단으로
인생을 채워라

사람은 일평생 여러 가지 역할을 맡습니다. 직장에서는 신입 사원에서부터 임원에 이르기까지 직위에 따른 다양한 임무가 주어집니다. 가정에서는 남편, 아내, 아빠, 자식 등 여러 가지 이름으로 불립니다. 그 외에도 얽히고설킨 대인관계 속에서 셀 수 없이 많은 역할을 맡게 됩니다. 때론 하루에도 몇 번씩 바뀌는 역할에 자기 본모습이 무엇이었는지 잊고 살아갑니다.

『장자』「응제왕」편에 나오는 이야기입니다.

남해의 왕을 숙, 북해의 왕을 홀, 그리고 중앙의 왕을 혼돈이라 한다. 어느 날, 숙과 홀이 혼돈의 땅에서 만나게 되었다. 혼돈은 이들을 매우 잘 대접했다. 숙과 홀은 혼돈의 은혜에 보답하고자 이렇게 의논했다.

"사람은 일곱 개의 구멍이 있어 보고; 듣고, 먹고, 숨을 쉴 수 있습니다. 그런데 혼돈은 구멍이 하나도 없어 이것을 누리지 못합니다. 그에게도 구멍을 뚫어줍시다."

그리고는 숙과 홀은 혼돈의 몸에 날마다 구멍 하나씩을 뚫어주었는데, 칠 일째 되는 날 혼돈은 그만 죽고 말았다.

南海之帝爲儵, 北海之帝爲忽, 中央之帝爲混沌. 儵與忽, 時相與遇於混沌之地,

混沌待之甚善. 儵與忽, 謀報混沌之德曰 "人皆有七竅, 以視聽食息, 此獨無有, 嘗試鑿之."

日鑿一竅, 七日而混沌死.

혼돈의 몸에 구멍을 내며 웃음 짓는 숙과 홀의 모습에 기괴함마저 느껴집니다. '소통'의 부재로 되돌릴 수 없는 악몽 같은 일이 벌어진 것입니다.

눈, 코, 입, 귀가 없는 혼돈의 모습을 불편하게 여긴 이는 혼돈 '본인'이 아닌 숙과 홀 '제삼자'였습니다. 숙과 홀은 한 지역의 왕이라면 응당 번듯한 사람의 형상이어야 한다고 생각했습니다. 역할에 걸맞은 일곱 개의 구멍을 갖춘 모습 말입니다. 그런데 각자의 태생이 다르고 지내는 환경이 다르기에, 본연의 모습은 다를 수밖에 없습니다. 아마도 중앙이라는 나라를 다스리기에는 일곱 개의 구멍이 없는 모습이 최적이었을 겁니다.

여러 가지 역할 속에서 본래 자기의 모습이 어떤 것인지 헷갈릴 때가 있습니다. 직장에서는 원리원칙을 강조하는 전문가다운 직장인의 모습에서 퇴근 후에는 한없이 다정한 딸바보의 모습을 오가야 하니, 판단이 쉽지는 않습니다.

혼돈의 모습에서 자기 본모습을 잃은 자의 최후를 엿봅니다. 장자는 중앙의 왕 혼돈을 통해 본모습을 잃지 않아야 함을 강조합니다. 숙과 홀은 우리에게 주어진 다양한 역할일 뿐입니다. 숙과 홀이 혼돈의 얼굴에 구멍을 뚫어 생명을 앗아가듯, 다양한 역할에 파묻혀 자기 본모습을 잃어가는 것은 아닌지 점검해 봐야 합니다.

이리저리 흔들려도 언젠가는 중심으로 돌아와야 합니다. 그러려면 그 중심이 단단해야 합니다. 북쪽과 남쪽, 양극단을 오가는 역할극 속에서도 가장 순수한 자기 모습은 늘 중앙에 남겨두어야 합니다. 언제든 중심으로 돌아가 편히 쉴 수 있도록 말입니다.

거울에 비친 얼굴을 바라봅니다. 새삼 자기 얼굴을 유심히 관찰

한 지 꽤 오래되었다는 사실에 놀랍니다. 분명 일곱 개의 구멍이 뚫린 사람의 얼굴입니다. 거울 속 얼굴을 응시하는 시간이 길어질수록 초점은 흩어지고 눈, 코, 입, 귀의 형상이 흐려지기 시작합니다. 그러다가 어느 순간, 중앙의 왕 혼돈처럼 얼굴의 구멍이 사라지고 기괴한 모습의 형체가 되어버립니다.

어쩌면, 그 기괴하다고 여긴 구멍 없는 얼굴이 진정한 내 본모습일 수도 있겠습니다. 눈을 감고, 입을 닫고, 귀를 막고, 들이쉬는 숨을 잠시 멈추자, 그동안 켜켜이 쌓여 있던 역할을 벗어던질 수 있겠습니다. 그리고 비로소 중심으로 돌아가 거울 속 본모습을 마주합니다.

마흔에 걷는 도의 길

•

새로운 업무를 맡게 되면 전임자로부터 인수인계를 받습니다. 전반적인 업무 흐름에서부터 계획서에 담을 내용, 문서 서식, 보고 체계 등 구체적인 사항을 전달받습니다. 꼼꼼한 전임자를 만나면 미처 말로 전하지 못한 내용을 담은 문서 형식의 인수인계서를 받아볼 수 있습니다. 새 업무를 맡고 몇 달이 지났을 무렵, 의문이 생깁니다.

'전임자에게 전달받은 서식과 업무 처리 방식이 과연 정답일까?'

때론 관습과 다르게 하는 행동을 큰 잘못으로 여깁니다. 이는 앞서 다른 사람이 판단하고 규정한 일은 무조건 옳다고 생각하는 데서 비롯됩니다. 하루하루가 새로운 세상입니다. 새로운 세상에서 기존 방식은 알맞을 수도, 아닐 수도 있습니다.

이렇게 마음을 고쳐먹자, 전임자가 전해준 인수인계서가 새롭게 보입니다. 그대로 이어갈 부분과 조금 개선했으면 하는 부분을 구분해 내 생각을 접목합니다. 그러자 업무 효율은 높아지고, 맡은 일에 책임감이 커집니다. 그래서 훗날 후임자에게 전하는 인수인계서에는 '편한 방식으로 수정 가능'이라는 문구를 넣을 생각입니다.

인생에는 인수인계서가 없습니다. 마흔에는 누군가가 정해둔 생각과 판단을 마치 정답처럼 여기며 살아가는 것은 아닌지 되돌아봅니다.

그렇게 깨어있는 사람으로 누군가가 정해둔 것이 아닌, 자기 판단으로 인생을 채워갑니다.

폭군은
내 마음속에 있다

뭐든 하다 보면 늘게 마련입니다. 막막하게만 느껴졌던 일도 요령을 터득하고 관련 지식이 쌓이면 어느덧 능숙해집니다. 처음 운전대를 잡은 날의 긴장감은 짧으면 수개월, 넉넉하게 1년이면 사라집니다. 또, 사회 초년생의 허둥지둥하는 모습은 연차를 거듭할수록 베테랑의 면모를 갖춰갑니다. 간단한 기능에서부터 복잡한 업무까지 능숙함의 원리는 예외 없이 적용됩니다.

그런데 완숙의 경지에 다다르기 전까지 경계해야 할 것이 있습니다. 바로, '자만'입니다. 교통사고가 가장 많이 나는 시기가 바로 어느 정도 운전이 능숙해지는 이삼 년 차인 것을 잊지 말아야 합니다. 직장에서도 어느 정도 일을 안다고 자부하는 시기에 큰 사고가 터집니다. 그러니 기능과 지식이 무르익어 완숙한 경지에 다다를 때까지 항상 겸손해야 하는 것입니다.

『장자』「인간세」편에 나오는 이야기입니다. 공자의 제자 안회는 위나라의 젊은 폭군의 행보를 가만히 두고 볼 수가 없었습니다. 참다못한 안회는 위나라 왕에게 찾아가 직언하기로 마음먹습니다. 안회는 위나라로 떠나기 전 공자를 찾아가 인사를 드립니다. 그때 공자는 안회에게 이렇게 말합니다.

> 공자가 안회에게 말했다.
>
> "그것은 안 될 일이다. 너는 아마도 그 나라 사람들에게 화를 당할 것이다. 무릇 '도'란 순수한 것으로 잡다해서는 안 된다. 잡다하면 일이 많아지고, 일이 많아지면 마음이 어지러워지고, 마음이 어지러우면 근심이 생긴다. 마음에 근심이 생겨나면 다른 사람을 구하지 못하게 되는 것이다.
>
> 옛날 성인은 먼저 자기 도를 확립한 뒤에 남에게도 도를 갖추게 하였다. 자기의 도가 확립되지 않았는데, 어찌 폭군의 소행을 다스려 바로 잡을 수가 있겠는가?
>
> 너는 덕이 그 진실함을 잃기 쉽고, 지혜는 지나치게 되기 쉬운 그 이유를 아느냐? 덕은 명예욕 때문에 진실성을 잃기 쉽고, 지혜는 위선의 다툼 때문에 지나치게 되는 것이다.

명예욕은 남을 훼방하는 근본이 되며, 지혜는 남과 다투는 무기에 지나지 않는다. 이 두 가지는 모두 흉기일 뿐, 결코 처세의 올바른 도구가 될 수 없는 것이다. 그리고 아무리 자기의 덕행이 돈독하고 신의가 굳건하더라도 아직 남의 기질을 알기에는 부족하고, 아무리 명예를 다투는 일이 없다 하더라도 아직 남의 마음을 이해하기에는 부족하다. 하물며 인의나 법도를 폭군 앞에서 논하는 것은 오히려 남들에게서 네가 자신을 과시하려는 사람이라고 미움만 받게 될 것이다.

이러한 사람을 '남을 해치는 사람'이라고 한다. 남을 해치는 사람은 반드시 남에게 해를 받게 마련이다. 그러니 너도 남들로부터 해를 입게 될 것이다."

仲尼曰 "譆. 若殆往而刑耳. 夫道不欲雜, 雜則多, 多則擾, 擾則憂, 憂而不救. 古之至人, 先存諸己而後存諸人. 所存於己者未定, 何暇至於暴人之所行? 且若亦知夫德之所蕩而知之所爲出乎哉? 德蕩乎名, 知出乎爭.

名也者, 相軋也, 知者也, 爭之器也. 二者凶器, 非所以盡行也. 且德厚信矼, 未達人氣, 名聞不爭, 未達人心. 而强以仁義繩墨之言術暴人之前者, 是以人惡育其美也,

命之曰菑人. 菑人者, 人必反菑之, 若殆爲人菑夫."

인생에서 앎이 어설프면 자만에 빠지기 쉽습니다. 인간관계에서도 자신이 아는 분야에 대해 완숙의 경지에 다다랐다고 착각하며, 상대에게 거침없이 지적의 말을 쏟아냅니다. 장자는 '지혜는 남과 다투는 무기'에 지나지 않는다고 했습니다. 세상 만물이 상대성에 의해 존재함을 강조했던 장자는 당연히 그렇게 생각했을 겁니다.

'이것'이 곧 '저것'이 되고, 저것은 곧 이것이 되는 세상의 이치를 안다면, 자신이 알던 그것이 정답이 아님을 곧 깨닫습니다. 그런 마음으로 상대를 바라보면, 그의 생각이 틀리지 않았다는 것을, 그리고 그에게 쏟아내는 나의 얕은 생각들이 얼마나 오만한 것이었는지를 알게 됩니다.

완숙의 경지를 향해 가는 중에도 겸손을 잃지 않는 사람은 남에게 싫은 소리를 하지 않습니다. 그리고 마침내 완숙의 경지에 다다른다고 하더라도 인생의 깊은 묘리를 깨달았기에, 더더욱 남을 이해하게 됩니다. 그러니 알든 모르든, 적당히 알든 누가 틀리고 누가 맞는 것이 아님을 깨달아야 합니다.

마흔에 걷는 도의 길

●

자기 존재감을 뽐내고 싶은 마흔에 장자를 만나, 지금 내가 알던 것들이 소의 터럭만큼 하잘것없음을 알게 됩니다. 그렇게 자만에 빠지지 않아 실수를 줄이고, 남에게 싫은 소리를 하지 않으니 다툼은 줄어듭니다. 어쩌면 장자 이야기 속 '남을 해치는 사람'은 폭군이 아닌, 그에게 어설픈 앎을 설파하려던 '나 자신'이었습니다.

이제는 마음속 자만을 버리고 관계의 평화를 찾습니다.

일방적인 호의는
상처가 될 뿐이다

1900년대 미국에서 일어난 일입니다. 어느 날 도시와 멀리 떨어진 숲에서 백발노인이 발견됐습니다. 그는 아흔이 넘은 나이로 수십 년을 자연에서 살았지만 비교적 건강했습니다. 사람들은 그를 도시로 데려와 깨끗하게 씻기고 따뜻한 보금자리를 마련해 주었습니다. 그리고 노인에게 온갖 귀중한 음식도 제공해 주었습니다. 그런데 사람들의 호의에도 불구하고 건강하던 노인은 얼마 지나지 않아 죽고 말았습니다.

사실, 그 당시 귀중한 음식은 아이스크림, 초콜릿과 같은 고지방 식품으로 건강에 좋지 않은 것들이었습니다. 그리고 추위를 더위로, 더위를 추위로 조절하자, 자연과 더불어 살아오던 노인의 생활 습관이 망가져 버렸습니다.

『장자』「지락」편에 나오는 이야기입니다.

너는 예전에 이런 말을 들어보지 못했느냐? 옛날에 어느 바닷새가 노나라 교외에 날아와 앉았는데, 노나라 왕이 친히 그 새를 종묘 안으로 맞이해 잔치를 베풀고 아름다운 궁중 음악을 연주하며, 소·염소·돼지를 잡아 대접하였다.

그러나 바닷새는 눈빛을 흐리며 슬퍼하기만 할 뿐, 한 조각의 고기도 먹지 않고 한 잔의 술도 마시지 않은 채, 결국 사흘을 못 가 죽어버렸다.

이는 사람을 기르는 방식으로 새를 기른 것이지, 새를 기르는 방식으로 새를 기르지 않았기 때문이다.

且女獨不聞邪? 昔者海鳥止於魯郊, 魯侯御而觴之于廟, 奏九韶以爲樂, 具太牢以爲膳.

鳥乃眩視憂悲, 不敢食一臠, 不敢飮一杯, 三日而死.

此以己養養鳥也, 非以鳥養養鳥也.

노나라 왕은 바닷새가 상당히 마음에 들었나 봅니다. 어리둥절해하는 바닷새의 표정은 보지 못한 채, 새에게 온갖 호의를 베풉니다. 따뜻한 보금자리와 아름다운 궁궐 음악까지는 이해되지만, 술과 고기 요리는 새에게 필요 없는 것들이었습니다. 창공을 날 수 있는 자유를 빼앗고, 벌레와 열매가 아닌 고기와 술을 대접하니 바닷새는 사흘을 견디지 못하고 죽고 맙니다.

자신이 가진 모든 것을 내어주어도 아까울 것이 없는 존재가 있습니다. 그 마음이 크면 클수록 좋은 것, 값비싼 것, 예쁜 것을 주고 싶은 게 사람 마음입니다. 그런데 가진 것을 내어주며 흐뭇해하는 자신만큼이나 상대도 기뻐하는지 잘 살펴야 합니다. 자기가 귀중하게 여기는 그것이 상대에겐 필요 없는, 아니 도리어 위험한 것일 수 있으니 말입니다.

'마음'을 내어줄 때도 마찬가지입니다. 전하는 그 마음을 상대가 고스란히 받아줄 것이라는 생각은 착각일 뿐입니다. 자기 생각이 옳다는 확신이 강하면 상대에게 전하는 마음에 '강요'라는 딱지가 붙게 됩니다.

마음은 강요할 수 있는 것이 아닙니다. 상대에게 서운한 마음이 드는 이유도 전해 준 그 물건과 마음이 '좋은 것'이라는 자기만의 판단이 전제되어 있기 때문입니다. 상대가 당신의 귀중한 것을 받아주지 않는대도 전혀 이상한 일이 아닙니다. 그 마음을 온전히 받아들이는 사람은 거울 속 자신뿐입니다.

삶에 확신이 생기기 시작하는 마흔에는 본인이 좋다고 생각하는 것들을 다시 한번 생각해 볼 때입니다. '좋다', '귀하다'라는 기준은 그 누구도 정할 수 없기에, 자기가 내린 판단은 정답이 될 수 없습니다. 내가 전하는 호의와 마음은 그저 나만의 것입니다. 허울뿐인 배려에 상대가 상처받지는 않은지 잘 살펴야 합니다.

소중한 것을 진짜 소중하게 여기려면 그 어떤 것도 강요하지 않아야 합니다.

마흔에 걷는 도의 길

●

자신의 일상이 무탈하게 흘러간다면, 분명히 누군가에게는 온전히 배려받는 부분이 있습니다. 샤워를 한 뒤 몸에 물기를 닦으려고 수건 걸이를 향해 손을 뻗습니다. 그러면 어김없이 뽀송뽀송한 새 수건이 걸려 있습니다. 그런데 하루는 이런 생각이 듭니다.

'난 한 번도 수건을 걸어둔 적이 없는데, 누가 걸어둔 거지?'

그래서 아내에게 물었더니 답답하다는 듯 팔짱을 낀 채 대답합니다.

"결혼한 지 몇 년짼데 그걸 지금 알았단 말이야. 난 다음 사람을 배려해서 항상 나오기 전에 새 수건을 걸어두거든."

삶을 단단히 지켜주는 배려가 있습니다. 그런 배려는 일상에 녹아들어 너무나 당연한 것으로 생각되기 쉽습니다. 더욱이 배려에 담긴 상대의 마음은 대가를 바라지 않기에, 그저 받게만 되는 것입니다. 십년 동안 편안하게 새 수건을 집어든 것처럼 말입니다.

오늘도 무탈하게 흘러가는 일상입니다. 하루의 시간 중 많은 부분을 누군가에게 배려받았다는 방증입니다. 그렇게 나도 대가 없이 누군가의 일상을 지켜주는 존재가 되길 소망합니다.

짧은 것을 늘여주어도,
긴 것을 잘라주어도 안 된다

한 설문지를 건네받았습니다. 수십 개의 질문들이 나열되어 있습니다. 그리고 각 항목에는 '매우 좋음', '좋음', '보통', '나쁨', '매우 나쁨'이라는 선택지가 있습니다. 몇 분 동안 설문지를 작성한 뒤 전체적으로 훑어보니, 선택지는 대부분 보통으로 표시되어 있습니다. 조금이라도 고민되는 항목에서는 보통을 선택했기 때문입니다.

불확실한 현실을 살아가는 우리들은 무의식중에 '평균에 머무르려는 마음'을 품습니다. 지나친 것은 불안한 것으로 여기고, 모자란 것은 잘못된 것으로 여기기에 어떻게 해서든 평균에 맞추려고 하는 게 사람 심리입니다.

『장자』「변무」편에 나오는 이야기입니다.

> 물오리의 다리가 비록 짧다 하지만, 그것을 길게 늘여주면 오히려 근심거리가 되고, 학의 다리가 비록 길다 하지만, 그것을 짧게 잘라주면 오히려 슬픔을 주는 결과가 된다.
>
> 그러므로 본래 길게 타고난 것은 잘라줄 필요가 없고, 본래 짧게 태어난 것을 길게 이어줄 필요가 없으니, 그대로 두는 것이 스스로 걱정을 불러들이지 않는 것이다.

是故鳧脛雖短, 續之則憂, 鶴脛雖長, 斷之則悲.

故性長非所斷, 性短非所續, 無所去憂也.

유독 다리 길이가 짧은 물오리를 보며 사람들은 '걸음걸이가 불편해서 안쓰럽다'라고 생각합니다. 반대로 다리가 지나치게 긴 학을 보며 '안정감이 없어서 불안하다'라고 생각합니다. 물오리의 다리를 늘여주고 싶은 마음과 학의 다리를 짧게 잘라주고 싶은 마음은 불안이 만들어낸 '평균에 머무르려는 마음'입니다. 인간이 생각하는 적정한 다리 길이는 정작 물오리와 학에게는 지나치고 모자란 것입니다.

지나친 것에 불안해 할 필요가 없습니다. '지나치다'라는 생각은 평균에서 바라봤을 때만 내릴 수 있는 판단입니다. 어쩌면 지나친 그것이 누군가에게는 평균일 수 있고, 또 다른 누군가에게는 한없이 부족한 것일 수 있습니다. 그러니 애써 '평균'이라는 자신만의 허상을 좇아 살아갈 필요가 없습니다.

평균에 머무르려는 마음. 그것은 존재하지 않는 것을 지키려는 부질없는 일임을 깨달아야 합니다. 평균을 버리면 남에게도 허울뿐인 잣대를 들이대지 않게 됩니다. 그러면 비로소 물오리의 짧은 다리도, 학의 긴 다리도 그들에게는 온전한 다리라는 것을 자연스럽게 알게 됩니다.

우리는 감정을 표현하는 일에서도 보통을 선택해 불안 요소를 없애려고 합니다. 자기 마음을 완전히 드러내는 것을 '평균을 벗어난 지나침'으로 여기기 때문입니다. 하지만 그것은 마치 학의 다리를 짧게 자르는 일처럼 온전한 감정의 끈을 끊어버리는 것과 같습니다.

'한 가정의 가장은 이 정도의 감정 표현이면 적당해.'라며 감정의 선택지를 한정 짓습니다. '회사에서 이 정도 위치면 위엄이 있어야지.'라며 속마음과 다른 표정을 짓고 딱딱한 말투를 사용합니다. 슬프면 슬픈 대로, 기쁘면 기쁜 대로 표현하는 것이 맞습니다. 애써 감정의 선택지를 보통에 머무르게 할 필요가 없는 것입니다.

앞만 보며 내달리는 마혼은 뭐든 잘하고 싶은 마음에, 인생에서 실패를 줄이고자 부단히 애씁니다. 그래서 불확실한 현실에 몸을 사리고, 안정적인 '평균'에 집착합니다.

하지만 이제는 허상뿐인 '평균'을 버리고 지나침의 경계를 드나드는 마음으로 살아갑니다. 그리고 깨닫습니다. 지나칠수록 자연스러움에 가까워지는 것임을. 그러고 나서 받아 든 설문지에는 보통 대신 매우 좋음, 매우 나쁨을 당당히 선택할 수 있게 됩니다.

마흔에 걷는 도의 길

•

오늘은 출근해서 마주치는 사람들에게 밝은 목소리로 먼저 인사를 건넵니다.

"좋은 아침입니다."

그 짧은 한마디는 지금 나의 솔직한 감정 표현이자, 정말 좋은 하루를 맞이하기 위한 일종의 기원입니다. 사십여 년 동안 앞만 보고 내달리려는 마음을 평균에 붙잡아 두었기에 이제는 마음이 움직이는 대로 표현합니다. 처음에는 불안한 마음이 들었지만, 속 마음과 겉으로 드러내는 표현이 일치되는 그날을 맞이하려면 반드시 겪어야 하는 과정입니다.

자기 입을 통해 퍼져나간 긍정의 기운은 음성의 파동을 타고 상대방에게 전달됩니다. 아침 인사 한마디에 서로 웃는 얼굴로 짧은 안부를 묻습니다. 솔직한 감정을 표현하기 시작하자, 모든 관계가 물 흐르듯 자연스러워집니다.

때론 좋지 않은 감정을 표현해야 할 때도 있습니다. 하지만 감정을 꾹꾹 눌러 평균에 맞추려고만 하다가는 조각난 퍼즐처럼 관계는 어긋납니다. 관계가 틀어지는 진짜 이유는 좋지 않은 감정 때문이 아니라 감정을 바르게 표현하지 못했기 때문임을 알아야 합니다.

이제는 자기감정을 표현해야 하는 상황이 오거나, 하다못해 남의 다리 길이를 판단해야 하는 상황이 오면 마음속 깊은 곳에서 들려오는 목소리에 귀를 기울입니다.

그렇게 자신에게 솔직해지자 온전한 감정을 알게 되고, 남의 모습은 그냥 그대로 괜찮다는 것을 깨닫습니다.

사람은 마음으로
사귀어야 하는 법이다

사람을 사귀는 데 중요한 것은 겉모습이 아닙니다. 아리스토텔레스는 "친구란 두 개의 몸에 깃든 하나의 영혼이다."라고 말했습니다. 마음을 나누고 자유로이 생각을 교류하는 것이야말로 사람을 사귀는 기본입니다.

그럼에도 우리는 상대의 조건에 따라 마음가짐이 달라집니다. 심지어 한 설문조사에서는 '외모에 따라 발생하는 소득의 차이'를 눈에 보이는 수치로 공표하기도 했습니다. 화려한 겉모습에 마음이 동한 사람들은 그와 교류하기를 원하고, 지갑을 좀 더 쉽게 연다는 방증인 셈입니다.

마음으로 사귄 사이는 서로의 조건이 달라지더라도 변함이 없습니다. 눈에 보이는 직업, 학벌, 외모, 나이 같은 것들은 애초에 고려 사항이 아니기 때문입니다. 이렇듯 사람을 사귀는 일은 마음을 나누는 일이 되어야 합니다.

『장자』「덕충부」 편에는 형벌로 발이 잘린 '신도가'라는 사람이 등장합니다. 그는 같은 스승 아래에서 공부한 '자산'이라는 자가 자기와 나란히 걷는 것을 부끄러워하자, 그에게 일갈을 날립니다.

> "사람들 중 온전한 두 발을 가졌다고 해서 나 같은 외발을 비웃는 자가 많습니다. 나는 그럴 때마다 화가 치밀어 견딜 수 없었지만, 스승님 계신 곳으로 가면 그것을 온전히 잊고 돌아올 수 있었습니다. 이는 바로 스승님의 훌륭한 덕의 세례를 받은 게 아니겠습니까? 내가 스승님을 모시며 학문을 닦은 지 십구 년이 되었습니다만, 스승님께서는 아직도 내가 외발 병신임을 모르고 계십니다. 당신은 나와 정신을 나누며 의좋게 지내야 하거늘, 그저 내 육체의 세계에서 무엇을 찾으려 하니 잘못된 것이 아니겠습니까?"
>
> 자산은 얼굴을 붉히며 몸을 바로잡고 말했다.
>
> "자, 그만 말하게!"

> "人以其全足笑吾不全足者多矣. 我怫然而怒, 而適先生之所,

則廢然而反. 不知先生之洗我以善邪? 吾與夫子遊十九年矣, 而
未嘗知吾兀者也. 今子與我遊於形骸之內, 而子索我於形骸之
外, 不亦過乎?"

子產蹴然改容更貌曰 "子無乃稱!"

자산은 한쪽 발이 잘린 신도가와 나란히 걷기를 부끄러워했습니다. 그래서 그는 신도가에게 거리를 두고 걷자고 말합니다. 그동안 자산이 사람을 어떤 식으로 사귀었는지 알 수 있는 대목입니다.

반면, 그들의 스승은 무려 십구 년 동안이나 제자 중 한 명이 외발임을 알지 못합니다. 정상의 인지능력을 가진 사람이라면, 절뚝거리는 모습이 눈에 들어오지 않을 리 없습니다. 다만, 스승은 마음을 나누는 제자의 그런 모습을 굳이 언급할 이유가 없었던 것입니다.

한 영화 속 이야기입니다. 앞을 보지 못하는 여자와 사랑에 빠진 남자가 있었습니다. 남자는 여자와 사귀는 동안 정성을 다합니다. 그 둘은 여자가 앞을 보지 못한다는 점을 빼면, 어느 다정한 연인의 모습과 다르지 않았습니다. 그런데 어느 날, 여자가 남자에게 전화해 이런 말을 합니다.

"○○ 씨, 기쁜 소식이 있어. 오늘 병원에서 그러는데, 나 수술하면 앞을 볼 수 있을 거래."

그 말을 전해 들은 남자의 표정은 마냥 밝지만은 않습니다. 사
랑하는 연인이 눈을 뜰 수 있다는 데 기뻐하지 않을 사람이 있을까
요? 이유는 이랬습니다. 그는 소위 사람들이 말하는 '추남'이었습
니다. 남자는 불안했습니다. 여자가 눈을 떠서 연인의 못난 얼굴을
확인하고 실망하진 않을까 걱정이 됐습니다.

남자는 이별을 각오하고 여자를 찾아갑니다. 그런데 남자의 예
상과는 달리 여자는 남자를 보자마자 달려가 품에 안깁니다. 그리
고 남자의 얼굴을 손으로 만지며 말합니다.

"내가 생각했던 모습 그대로야. 다정하고 따뜻해."

다시 한번 말하지만, 사람을 사귀는 일은 마음을 나누는 일입니
다. 눈을 가려 보지 못하고 멀리 떨어져 닿을 수 없다고 해도, 마음
으로 이어진 관계는 끊어지지 않습니다. 오히려 그동안 쌓아온 마
음을 되새기며, 관계의 깊이를 더할 수 있습니다.

마흔에 걷는 도의 길

●

첫눈에 이목을 끄는 사람이 있습니다. 반면, 두고두고 봐야 매력을 느낄 수 있는 사람이 있습니다. 물론 첫 느낌을 잘 갈무리해 끝까지 이어가는 사람도 있습니다. 이 중에서 따르고 싶은 사람의 유형은 '볼수록 매력 있는 사람'입니다.

매력을 느낀다는 것은 서로 마음을 열고 스며들기 시작했다는 신호입니다. 그렇게 진심으로 마음을 나눌수록 상대가 입은 옷, 머리 모양, 손에 든 가방은 눈에 들어오지 않습니다. 더 이상 그런 외적인 요인들은 관계를 이어가는 데 중요하지 않기 때문입니다.

처음 들른 미용실에서 파마를 권합니다. 마흔에 접어들어 머리숱에 신경을 많이 쓰던 참이었습니다. 그래서 흔쾌히 수락합니다. 결과는 기대 이상이었습니다. 좋지 않은 의미로 말입니다. 과하지 않은 자연스러운 헤어 스타일링은 TV 속 연예인들에게만 가능한 일임을 깨닫는 순간이었습니다.

뽀글뽀글한 파마머리를 하고 의기소침한 모습으로 현관문을 들어서자, 아내와 아이가 마중합니다. 먼저 아내가 말합니다.

"머리가 평소랑 다르네? 괜찮아, 머리카락은 금방 자라니까…"

연애 기간을 포함해 십사 년 동안 마음을 나눈 아내도 참기 힘든 모습이었나 봅니다. 곧이어 아이가 말합니다.

"아빠, 빨리 유치원 놀이하자."

아이에겐 달라진 아빠의 모습이 보이지 않나 봅니다. 그래서 키를 낮춰 아이에게 다가가 묻습니다.

"딸, 아빠 머리했는데 어때?"

"너무 멋있는데? 난 아빠가 어떤 모습이라도 좋아!"

아이의 관심이 온통 놀이에 쏠려 있어서 그런 대답을 했을 수도 있습니다. 하지만 그 순간만큼은 온전히 주고받는 마음으로 외형을 잊고 싶었습니다.

마흔에는 상대의 마음에 스며들기를 소망합니다. 그렇게 마음으로 이어진 인연과 서로의 외형을 잊고 진심을 나눌 수 있기를 바랍니다.

상대의 마음을 얻으려면
본성을 살펴라

한때 유행했던 성격 유형 검사는 사람의 성격을 열여섯 가지로 구분합니다. 그리고 '적극성이 강한 A라는 유형은 B라는 유형과 잘 맞지만, C라는 유형과는 상극이다.'라며 나름 논리적인 이유를 붙여 사람들의 호기심을 자극합니다.

살면서 마주치는 사람은 셀 수 없이 많습니다. 그러니 죽을 때까지 만나는 사람의 성격 또한 그 수를 헤아릴 수 없습니다. 그중에는 자신과 잘 맞는 사람이 있는가 하면, 함께 있는 것만으로도 불편한 사람이 있습니다. 모든 사람과 잘 지낼 필요는 없지만, 적어도 인간관계로 인해 근심이 생기는 일은 피해야 합니다.

『장자』「인간세」편에 나오는 이야기입니다.

당신은 호랑이를 사육하는 자를 본 적이 있습니까?

그는 호랑이에게 짐승을 산 채로 주지 않습니다. 그것은 호랑이가 산 짐승을 죽이는 중에 생겨날 사나운 기운 때문입니다. 또 그는 먹이를 통째로 주지 않습니다. 그것은 호랑이가 먹이를 찢는 사이에 생겨날 사나운 기운 때문입니다. 먹이를 줄 때는 호랑이가 배고픈지 배부른지를 잘 살피고, 호랑이의 사나운 기운을 잘 다스려야 합니다.

호랑이와 사람은 비록 다른 종류지만, 호랑이가 사람에게 순종하는 것은 사람이 호랑이의 성질에 잘 맞추어 사육하기 때문입니다. 따라서 호랑이가 사람을 해치는 것은, 바로 사람이 호랑이의 성질을 거스른 까닭입니다.

汝不知夫養虎者乎?

不敢以生物與之, 爲其殺之之怒也, 不敢以全物與之, 爲其決之之怒也. 時其飢飽, 達其怒心.

虎之與人異類而媚養己者, 順也. 故其殺之者, 逆也.

피할 수 없다면 즐겨야 하지만, 매일 마주하는 사람의 성격이 자신과 맞지 않거나 일방적으로 감정을 쏟아내는 사람이라면 즐기는 일은 쉽지 않습니다. 더군다나 상대가 직장 상사이거나 서비스를 제공해야 하는 고객일 때는 더더욱 그렇습니다.

장자는 호랑이를 사육하는 사람을 예로 들어, 관계를 유지하는 힘은 바로 '본성을 거스르지 않는 자세'에 있다고 말합니다. 사육사는 호랑이의 야생성을 이해하고, 먹이를 선별하는 과정을 통해 맹수를 길들입니다.

거칠게 몰아세우는 사람의 마음속에는 호랑이 한 마리가 삽니다. 그런 사람은 남의 말을 듣지 않고 자기 생각을 강요하며, 그것이 받아들여지지 않으면 이빨을 드러내고 달려듭니다. 자기 마음에도 괴수가 살지 않는 한, 그런 사람을 온전하게 상대하기는 불가능합니다. 그럴 땐, '상대의 본성을 살피는 자세'가 필요합니다.

피할 수 없고 맞서 싸울 수 없다면, 다툼이 일어나지 않도록 예방하는 것이 최선입니다. 상대의 본성을 살피는 자세는 결코 남의 비위를 맞추는 소극적인 태도가 아닙니다. 잠재적인 위험으로부터 자기 마음을 돌보는 용감하고 적극적인 삶의 자세입니다.

사육사는 맹수를 길들인 뒤, 자기 뜻대로 사냥이나 전쟁에 활용합니다. 마찬가지로, '남의 본성을 살피고 자기 마음을 돌보는 자세'는 상대의 마음을 길들여 내 편으로 만들 수 있는 강력한 방법입니다.

가슴에 맹수를 품고 사는 사람 곁에는 제대로 된 사람이 남아있을 리 없습니다. 강압 때문에, 이득을 얻기 위해서 마지못해 머무는 경우가 대부분입니다. 그런 와중에 만난 '마음을 알아주는 이'는 세상에 둘도 없는 귀인이 되는 것입니다.

이렇듯 상대의 본성을 살피는 자세는 내 마음을 보호하고, 더 나아가 상대의 마음을 얻을 수 있는 강력한 비법입니다.

마흔에 걷는 도의 길

●

"여보, 아직이야?"

외출 준비를 마친 뒤 아이의 손을 잡고 현관문 앞에서 아내에게 자주 하는 말입니다. 그러면 어김없이 아내가 대답합니다.

"거의 다 됐어."

그 대답은 대략 이십 분 이상은 더 걸린다는 의미와 같음을 잘 압니다. 때론 '왜 이렇게 준비가 더딘 거지?'라는 의문을 쉽게 해소하지 못해 답답한 마음이 들었습니다. 최근까지도 말입니다.

하루는 근교로 가족 나들이를 떠났습니다. 꽃이 흐드러지게 핀 너른 들에서 사진도 찍고, 간식도 먹으며 즐거운 시간을 보냈습니다. 그런데 꽃을 가까이에서 구경하던 딸아이의 "아야!"라는 짧은 외침이 들려왔습니다. 놀란 마음에 아이를 살피는데, 손가락 끝에 박힌 작은 가시가 눈에 들어왔습니다.

그때, 아내가 가방에서 족집게를 꺼내 들었습니다. 그리고 잠시 뒤 아이의 손가락에서 가시를 빼낼 수 있었습니다. 다시 생글생글 웃는 아이를 보며 안도의 한숨을 내쉬다가 문득 이런 생각이 들었습니다.

'갑자기 족집게가 어디서 나온 거지?'

그래서 아내에게 물었더니, 아내는 이렇게 대답했습니다.

"나더러 느리다고 했었지? 이렇게 외출할 때마다 준비할 게 얼마나 많은 줄 알아?"

아내의 가방을 열어봤더니, 언제든 쓰임을 다하겠다는 듯 온갖 필수품이 빼곡히 정리되어 있었습니다.
나는 결코 준비가 빠른 것이 아니었습니다. 내 몸뚱이만 챙겼을 뿐, 아무런 준비도 하지 않았던 겁니다. 아내는 조금 느리지만, 하나라도 더 챙기고자 하는 마음이었습니다.
아내의 본성을 깨닫자, 그동안 아내의 꼼꼼함이 우리 가족의 일상을 별일 없이 흘러가도록 지켜주었음을 깨닫습니다.

그렇게 마흔에는 소중한 사람일수록 타고난 본성을 살피기 위해 부단히 노력합니다.

빈 마음에
사람이 머문다

죽음을 앞둔 사람들이 한결같이 후회하는 일 중 하나가 '사랑하는 사람과 함께하는 시간에 인색했던 점'입니다.

우리는 짧은 생을 바쁘게 보냅니다. 매 순간 고민에 휩싸여 진짜 돌봐야 할 것을 챙기지 못한 채 말입니다. 그렇게 일생을 살아가다가 어느 순간 주위를 둘러보면, 소중한 사람들은 떠나가고 후회만 남습니다. 결국 '곁에 아무도 머물지 않는 사람'이 되고 맙니다.

그럼, '머무르고 싶은 사람'은 과연 어떤 사람일까요?

『장자』 「인간세」 편에 나오는 이야기입니다.

저 텅 빈 방을 봐라. 거기에는 햇빛이 가득하고, 고요한 곳에는

행운이 머무르는 법이라네. 만일 마음이 고요하게 비어있지

못하면, 그것은 몸은 거기에 앉아 있지만, 마음은 이리저리 줄

달음치는 것이네.

귀와 눈으로 그대로 받아들여 마음에 머물게 하고, 자기의 주

관과 지혜를 버린다면, 빈 마음에는 귀신도 찾아와 그에게 머

무는 것이네. 하물며 사람이야 말할 것이 있겠느냐?

瞻彼闋者, 虛室生白, 吉祥止止. 夫且不止, 是之謂坐馳.

夫徇耳目內通而外於心知, 鬼神將來舍, 而況人乎?

방안 곳곳에 햇빛이 들어차려면 쌓인 물건이 없어야 합니다. 부
피가 큰 물건일수록 바닥을 가리고 그늘을 만들어 빛이 온전히 들
어서지 못하게 합니다. 놓인 곳의 위치를 옮기는 일은 또 다른 그
늘을 만드는 일일 뿐이기에, 결국은 물건을 덜어내야 합니다.

마음도 마찬가지입니다. 누군가 찾아와 머물게 하려면, 고요하
게 비워야 합니다. 이런저런 생각으로 마음이 가득 차 있으면, 누
군가를 맞이할 여유가 없습니다. 빈틈없이 들어찬 마음을 바라보
는 상대는 만석 버스를 올라타야 하는 사람의 마음처럼 답답하기
만 합니다. 결국 올라타기를 주저하다가 당신의 마음을 보내버리
고 마는 것입니다.

장자는 자기 주관과 지혜를 버리면, 귀신도 찾아와 머문다고 합니다. 그리고 눈에 보이지 않는 신령스러운 존재조차 찾아 들 정도라면, 이승의 사람은 말할 것도 없다고 덧붙입니다.

삶에서 자기 주관과 지혜는 꼭 필요합니다. 이를 버리는 일은 자기 삶을 남에게 내던지는 것과 같습니다. 장자는 그런 인생의 무기조차 버려야 한다고 했지만, 복잡한 인생에서 실천하기란 쉽지 않은 일입니다. 그래서 현실적인 방법이 필요합니다.

마음은 하나지만 공간을 나눌 수는 있습니다. 마치 집이라는 공간을 효율적으로 사용하기 위해 알맞은 크기의 방을 만드는 것처럼 말입니다. 자기 주관과 지혜 같은 인생의 무기는 언제든 꺼내 쓸 수 있도록 마음 한편에 마련된 공간에 잘 넣어둡니다. 그리고 소중한 사람이 찾아와 머무를 수 있도록 마음의 너른 공간을 만들어두는 것입니다.

만약 바쁜 일상을 보내는 중에 문득 외롭다는 생각이 든다면 자기 마음을 들여다봐야 합니다. 넘치는 지혜, 고민, 걱정, 불안과 같은 감정들이 마음속에 꽉 들어차 있을 테니 말입니다. 그렇게 빛이 들어서지 못하는 마음에는 사람이 찾아와 머물지 않습니다. 설령, 문을 두드려 방문하기를 원한대도, 발을 들이밀 틈이 없습니다. 그렇게 흘려보내는 사람들은 점점 당신의 정류장을 찾지 않게 되는 것입니다. 인생의 막바지에 다다라서 마음을 비워낸들, 한평생 햇빛이 들지 않은 곳에 남는 것은 썩은 곰팡이 자국뿐입니다.

소중한 사람을 그냥 흘려보내지 않기 위해서 매일 비우는 연습을 해야 합니다. 비우기가 어렵다면, 마음 한편에 공간을 마련해 두고 그곳에 잠시 짐을 옮겨두십시오.

마흔에 걷는 도의 길

●

때론 아이의 꿈을 이끈다는 착각을 합니다. 아이의 자유 의지를 제한하지 않는 선에서 마음대로 꿈꿀 수 있는 자유로운 마당을 마련해 준다는 착각입니다. 하지만 아이의 꿈을 이끌기 위해 알게 모르게 아빠인 내 생각을 아이에게 주입합니다. 아빠의 바람이 마치 아이의 내면에서 끌어올린 동기인 것처럼 여기면서 말입니다.

하지만 아내는 달랐습니다. 어떤 상황에서든 아이의 자유를 무한하게 허용합니다. 물론 예의에 어긋나거나, 남에게 피해를 주는 행동에는 세상 단호하지만 말입니다. 아이의 꿈을 이끌기 위한 보이지 않는 나의 강요는 때때로 아내의 심기를 거스릅니다. 그래서 아내는 종종, 아니 자주 나에게 이렇게 말합니다.

"여보, 아이도 다 생각이 있어요. 어쩌면 당신보다 생각이 깊을지도 몰라요."

아이와 함께 산책하듯 자주 도서관에 들릅니다. 마침 도서관의 이름도 '산책'이라 그곳은 우리 가족의 소소한 산책길이 되곤 합니다.

도서관에 들를 때면 아이가 읽으면 좋겠다 싶은 책을 나름의 기준으로 골라줍니다. 생각해 보니 그렇게 골라준 책들은 '아빠인 내가 생각한 좋은 책'일 뿐이었습니다.

반면, 아내는 아이에게 책을 골라보라는 말조차 꺼내지 않습니다. 대신 도서관에 들어서면 아내는 아이에게 매번 이렇게 말합니다.

"책 냄새가 포근하고 참 좋다."

아내의 그 말을 들으면 도서관에 켜켜이 쌓인 책들이 참 다정하게 느껴집니다. 아내의 말끝에 항상 아이는 미소를 지어 보이니, 아이의 감정도 그런가 봅니다. 이렇듯 아내는 말 한마디로 도서관을 하나의 안식처로 만들어주었습니다.

이제는 알겠습니다. 그동안 아이의 꿈을 이끈다는 착각들이 마음에 쌓이고 쌓여 딸아이가 들어설 공간을 비좁게 만들었습니다.

마흔에는 딸아이가 언제든 찾아와 편안하게 머물 수 있도록, 그동안 '지혜'라고 믿어 온 것들을 하나둘 비워냅니다.

상대의 배려를
다시 한번 생각하라

'자리가 사람을 만든다'라는 말을 흔히 합니다. 그 자리가 덕을 베푸는 위치라면 어진 사람이 나지만, 권위 의식을 느끼기에 좋은 자리라면 폭군이 나기도 합니다. 그러니 힘 있는 자리에 앉으려면 먼저 마음을 갈무리해야 합니다.

특히 자리가 주는 위압감 때문에 주위 사람들로부터 배려받고 있지는 않은지 잘 살펴야 합니다. 사람이 아닌 자리에 대한 배려는 그 자리에서 내려오는 순간, 신기루처럼 사라질 테니 말입니다.

『장자』「열어구」편에 나오는 이야기입니다.

열자가 제나라로 가다 말고 돌아오는 길에 백혼무인을 만났다.

백혼무인이 말했다.

"어째서 되돌아오느냐?"

"놀랐기 때문입니다."

"어째서 놀랐느냐?"

"제나라로 가는 길에 주막 열 곳에 들렀는데, 그중 다섯 집이 돈도 받지 않고 식사를 내왔기 때문입니다."

"그 정도의 일에 놀랐단 말이냐?"

"그것은 저의 속마음이 드러나 밖으로 사람들의 마음을 위압했기 때문입니다. 그들이 저를 대접하느라 오히려 노인을 가볍게 여기게 되었으니, 이는 제 자신의 환란을 기르는 것과 마찬가지입니다. 특히 주막의 주인이란 음식을 팔아 이익을 얻는 사람들이며, 그 이익 또한 작고 권한이랄 것도 없습니다. 그런데도 저를 그처럼 대했으니, 하물며 한 나라의 왕이라면 더 말할 것이 있겠습니까! 그의 몸은 나라를 위해 애쓰고, 그의 정신은 정사를 처리하는 데 다 씁니다. 아마 제가 가면, 그는 제게 중책을 맡기고 공을 세우기를 바랄 것입니다. 그래서 놀랐다는 것입니다."

"네 생각이 기특하구나! 네가 그런 마음으로 처신하면, 사람들이 너를 따르게 될 것이다."

列禦寇之齊, 中道而反. 遇伯昏瞀人. 伯昏瞀人曰 "奚方而反?"

曰 "吾驚焉."

曰 "惡乎驚?"

曰 "吾嘗食於十漿而五漿先饋."

伯昏瞀人曰 "若是, 則汝何爲驚已?"

曰 "夫內誠不解, 形諜成光, 以外鎭人心, 使人輕乎貴老, 而韰其所患. 夫漿 人特爲食羹之貨, 無多餘之贏, 其爲利也薄, 其爲權也輕, 而猶若是, 而況於萬乘之主乎! 身勞於國而知盡於事, 彼將任我以事而效我以功, 吾是以驚."

伯昏瞀人曰 "善哉觀乎! 汝處已, 人將保女矣."

열자는 자기에게 무상으로 음식을 제공한 주막 주인을 보며 두려운 마음이 들었습니다. 자기 마음속 '무언가를 바라는 열망'이 발산되어 사람을 현혹했기 때문입니다.

상대의 배려를 무작정 의심하는 것은 옳지 않습니다. 하지만 열자는 열에 다섯, 절반의 사람으로부터 음식을 제공받자 무언가 잘못되었음을 감지합니다. 보통의 사람이라면 운수 좋은 날로 여겼겠지만, 열자는 자기 수양이 부족한 탓을 합니다. 그러고는 제나라 왕을 만나려는 마음을 접고, 가던 길을 되돌아옵니다. 자칫, 자기의 그릇된 생각에 현혹된 왕이 나라의 정사를 자신에게 맡기게 될까 봐 두려웠던 것입니다.

마음을 갈무리하지 못한 자가 자리를 얻게 되면 자기를 망치는 것은 물론, 무고한 사람들까지 해를 입는다는 것을 잘 알았기 때문입니다. 더군다나 그 자리가 나라의 정사를 다루는 중요한 직위라면 더 말할 것도 없었습니다.

좋은 자리에 있는 사람은 주변 사람들로부터 많은 배려를 받습니다. 그런데 그 배려에 마냥 기뻐해서는 안 됩니다. 상대의 배려에 담긴 숨은 의미를 잘 헤아리고, 나아가 내 마음까지 들여다봐야 합니다.

만약, 마음속에 무언가를 바라는 열망이 조금이라도 있었다면, 자신이 받은 배려를 빚으로 여기고 고마움을 더해 되돌려 주어야 합니다.

마흔에 걷는 도의 길

•

업무차 한 행사장에 들렀습니다. 행사장은 사람이 많이 찾아온 탓에 주차장이 턱없이 부족했습니다. 다행히 주최 측으로부터 미리 '행사 차량'이라는 인식표를 받아 별도로 마련된 공간에 주차할 수 있었습니다. 사흘간 진행되는 행사는 다양한 체험 거리와 볼거리, 먹거리가 가득했습니다. 그래서 마음속으로 가족과 함께 다시 오기를 기약했습니다.

행사 마지막 날, 가족과 함께 업무가 아닌 관람을 위해 행사장에 들렀습니다. 많은 인파로 진입 구간부터 차량 정체가 시작되었습니다. 주차 공간이 부족할 것은 불을 보듯 뻔했습니다. 그런데 어찌 된 일인지, 진행요원은 내 차를 별도로 마련된 주차장으로 안내했습니다. 어제보다 관람객이 많아서 마침 그 공간까지 일반주차장으로 활용하려는 모양이었습니다.

행사장 곳곳을 구경한 뒤, 집으로 돌아가기 위해 주차장으로 향했습니다. 그런데 주차된 차 앞에 서자, 앞 유리 한 편에 부착된 인식표가 눈에 들어왔습니다. 그랬습니다. 내 차는 여전히 공식적인 행사 차량이었습니다. 깜빡하고 떼지 않은 인식표로 인해 의도치 않게 배려를 받았던 것입니다.

집으로 돌아오는 길 내내 부끄러운 마음이 가시질 않았습니다. '어쩌면 빠르게 주차하고 싶은 마음속 열망이 인식표를 떼지 못하게 한 것은 아닐까?'라는 생각마저 들었습니다.

마흔에는 무의식중에 인식표를 붙여 두지 않았는지 살펴봅니다. 혹여 누군가로부터 배려받는다면, 마음속 열망이 인식표를 붙여 상대를 현혹할지도 모르니 말입니다.

베푼 마음은 잊고,
받은 마음은 기억하라

살면서 누구나 한 번쯤 사람에게 실망합니다.

'중요한 약속을 지키지 않아서', '빌린 돈을 갚지 않아서', '내 험담을 여기저기 하고 다녀서', '상처 되는 말을 해서' 등등. 자신이 어떤 형태로든 손해를 입었을 때 실망감을 느낍니다.

한편, 상대에게 베푼 마음이 기대한 결과로 되돌아오지 않을 때도 실망하게 됩니다. 무언가를 바라며 남에게 베푸는 행위는 상대를 미워할 수십 가지의 이유를 만드는 일입니다. 그래서 무언가를 베풀 때는 '바라지 않는 마음'이 필요합니다.

『장자』「외물」편에 나오는 이야기입니다.

통발은 고기를 잡는 도구지만, 고기를 잡고 나면 통발을 잊게 된다. 올가미는 토끼를 잡는 도구지만, 토끼를 잡고 나면 올가미를 잊게 된다. 말은 뜻을 표현하는 도구이지만, 뜻을 표현하고 나면 잊게 된다.

筌者所以在魚, 得魚而忘筌. 蹄者所以在兎, 得兎而忘蹄. 言者所以在意, 得意而忘言. 吾安得夫忘言之人而與之言哉.

월척을 건져 올리는 손맛은 짜릿합니다. 동행한 사람이 있다면, 탄성과 축하의 말이 따릅니다. 한동안 손바닥으로 물고기의 크기를 재고, 인증 사진을 남기려고 갖가지 자세를 잡습니다. 그러는 동안 평소 애지중지 다루던 낚싯대는 바닥을 뒹굽니다. 위의 이야기에서처럼 목적을 이루면 수단에 쓰인 도구는 잊게 마련입니다.

그런데 무언가를 베풀 때는 목적한 바를 이루더라도, 상대에게 '바라는 마음'을 쉽게 지울 수가 없습니다. 베푸는 일은 상대에게 마음이 전달되면 그걸로 된 것입니다. 자기가 준 것의 가치를 생각하고, 되돌아올 상대의 반응을 가늠하는 것은 마음의 병을 키우는 일일 뿐입니다. 뜻을 표현하면 사용한 말을 잊어야 하듯, 베푼 뒤에는 전하는 마음 자체를 잊어야 합니다.

정작 잊지 말아야 할 것은 상대가 준 마음입니다. 상대가 어떤 의도를 가졌든 내 마음이 움직였다면, 그 자체로 감사한 일입니다. 그리고 훗날 내 마음을 되돌려 줄 때 역시 '바라는 마음'을 버려야 합니다. 이렇게 선한 고리를 만들어 이어나가다 보면, 만나는 인연들과 주고받는 마음에서 '바라는 마음'을 지울 수 있습니다.

사람에게 실망하는 이유는 남이 아닌 자신에게 있습니다. 상대는 그대로인데, 바라고 기대하는 내 마음이 제자리를 찾지 못하는 것입니다.

그러니 베푼 마음은 잊고, 받은 마음은 기억해야 합니다. 이런 삶의 자세는 되돌아오지 않을 마음을 기다리느라 허비하는 시간을 줄이고, 받은 마음에 어떤 마음을 더할지 고민하는 기쁨을 느끼게 해줍니다.

마흔에 걷는 도의 길

•

주는 기쁨이 받는 기쁨보다 더 크고 오래 갑니다. 한 심리 실험은 이러한 이치를 잘 설명해 줍니다.

실험 대상을 두 그룹으로 나눠 최근에 경험한 일을 적게 하고, 만족감을 수치로 표현하도록 주문했습니다. 첫 번째 그룹에는 최근에 '무언가를 받았을 때' 얼마나 기뻤는지를 적게 하고, 두 번째 그룹에는 최근에 '남에게 어떤 것을 베풀었을 때' 얼마나 기뻤는지를 적게 했습니다. 결과는 무언가를 베푸는 일에 초점을 두었던 두 번째 그룹의 사람들이 기쁨을 더 높은 수치로 표현했습니다.

남에게 무언가를 베푸는 일은 자기 존재감을 확인하는 일이기도 합니다. 어떤 형태로든 남에게 도움을 줄 수 있다는 자기 믿음은 삶에 활기를 불어넣어 줍니다. 그러니 삶은 되도록 베푸는 것이 맞습니다.

남을 돕는 일이 익숙하지 않다면, 대상을 특정할 수 없는 일에 선의를 베푸는 연습을 해볼 수 있습니다. 가령, 함께 쓰는 휴게 공간을 청소한다든지, 분리수거장에 잘못 분류된 재활용품을 정리한다든지, 도로에 떨어진 물건을 갓길로 옮긴다든지 하는 일들 말입니다. 대상을 특정할 수 없는 일이기에, 바라는 마음을 버리기에도 안성맞춤입니다.

오늘은 사무실에서 회의를 마치고, 무심코 원탁 테이블 아래 빈 공간에 손을 넣어봅니다. 손끝에 만져지는 것들이 생각보다 많습니다. 오래도록 누군가 고개를 숙여 안을 들여다보지 않은 모양입니다. 예전의 나라면 손끝에 닿은 물건이 혹여 지저분하지 않을까 염려했겠지만, 이제는 다릅니다. 잠시 양손을 이리저리 움직여 앉은 자리를 정리하고 일어섭니다.

그렇게 마흔에는 주는 기쁨을 느끼려고 노력합니다. 물론, '바라는 마음'이 없는 순수한 의미의 주는 기쁨 말입니다.

생각을 여는 열쇠는
치우치지 않는 마음이다

한 가지 생각을 평생 고집하며 살아갈 수 없습니다. 지금은 이치에 맞는 일이 몇 년 뒤에는 그른 일로 평가될 수 있습니다. 그러니 어느 한쪽으로 치우치지 않는 열린 마음으로 살아야 합니다.

열린 마음은 중용의 다른 표현이기도 합니다. 가득 차면 엎어지고, 텅 비면 기우는 유좌지기宥坐之器라는 그릇은 물을 반쯤 채워야 바로 섭니다. 넘치지도 모자라지도 않게 중도를 지키라는 중용의 의미가 담겼습니다. 시시각각 변하는 마음은 '변덕'이지만, 만물의 상대성을 깨달아 실천하는 중용의 자세는 열린 마음의 표현이자 치우치지 않는 삶을 위한 밑거름입니다.

『장자』「산목」편에 나오는 이야기입니다.

어느 날, 장자가 산속을 거닐다가 가지와 잎이 무성한 큰 나무를 보았다. 그런데 나무꾼은 그 옆에 선 채 나무를 베지 않았다. 장자가 그 까닭을 물었더니 나무꾼은 '쓸모가 없다'라고 대답했다. 그러자 장자는 이렇게 말했다.

"이 나무는 재목으로서 쓸모가 없어 타고난 수명을 누리는 것이다."

장자는 산에서 내려와 어느 친구 집에 묵게 됐다. 친구는 하인에게 거위를 잡으라고 명했다. 그러자 하인이 물었다.

"한 마리는 잘 울고 다른 한 마리는 울지 못하는데, 어느 쪽을 잡을까요?"

주인은 이렇게 대답했다.

"그러면 울지 못하는 놈을 잡아라!"

이튿날 장자의 제자가 물었다.

"어제 산중에서 본 큰 나무는 쓸모가 없는 탓에 천수를 누렸다고 하셨는데, 오늘 죽게 된 거위는 잘 울지 못하여 죽게 되었으니, 선생님은 유용과 무용 중 어디에 몸을 두시려 합니까?"

장자가 웃으며 말했다.

"나는 유용과 무용 사이에 처신하려고 한다."

莊子行於山中, 見大木, 枝葉盛茂, 伐木者止其旁而不取也. 問
其故,

曰 "無所可用." 莊子曰 "此木以不材得終其天年!"

出於山, 舍於故人之家. 故人喜, 命豎子殺雁而烹之. 豎子請曰

"其一能鳴, 其一不能鳴, 請奚殺?"

主人曰 "殺不能鳴者!"

明日, 弟子問於莊子曰 "昨日山中之木, 以不材得終其天年. 今
主人之雁, 以不材死. 先生將何處?"

莊子笑曰 "周將處乎材與不材之間."

　장자의 제자는 '무용은 곧 유용'임을 깨달은 지 하룻밤 만에 '무
용은 그저 무용'일 뿐임을 눈으로 확인하자 마음이 혼란스러웠습
니다. 그래서 깨달음을 얻기 위해 장자에게 묻습니다.

　사실, 장자에게는 '무용'도 '유용'도 큰 의미가 없었습니다. 그런
것들은 손바닥 뒤집듯 언제든 바뀌는 무의미한 판단이기 때문입
니다. 단지 제자가 이해하기 쉽도록 쓴 표현일 것입니다. 장자는
제자가 무용, 유용을 구분해 현상을 바라보는 것을 보고 웃음이 났
습니다.

　그리고 제자의 물음에 답합니다. "무용과 유용 사이에 머무르겠

다."라고. 이렇듯 한쪽으로 치우친 생각은 그저 웃음이 날만 한 미련한 아집임을 하루빨리 깨달아야 합니다.

자신과 다른 생각을 하는 이에게 날을 세우는 사람은 언제 날아들지 모르는 화살에 늘 초조합니다. 절대적으로 옳은 것도 그른 것도 없는 세상에서 애써 한쪽에 치우쳐 적을 만드는 일은 반드시 피해야 합니다.

'내 생각'과 '상대의 생각'은 그저 하나의 자연 현상일 뿐입니다. 자연의 섭리를 거스르는 악행이 아닌 한, 상대의 생각을 받아들이지 못할 이유가 없는 것입니다.

마흔에 걷는 도의 길

•

해변에 앉아 쉼 없이 바위를 넘나드는 파도를 바라봅니다. 바위를 감싸는 파도 표면이 마치 매끈한 유리 같습니다. 그때, 놀라운 현상을 발견합니다. 파도가 바위를 감싸는 순간, 매끈해진 수면에 바위의 뒷면이 비치는 것이었습니다.

파도가 일렁일 때마다 바위는 마치 피카소의 그림처럼 보였습니다. 여러 방향에서 바라본 입체적인 형상을 평면에 표현한 피카소의 작품 말입니다.

투시 능력이 있다면, 바위 정면에 서서 그 뒷면을 볼 수 있습니다. 그렇게 꿰뚫어 보지 않는 한 뒤로 돌아가야만 이면을 볼 수 있습니다. 그런데 파도가 보여준 바위 뒷면은 굳게 믿었던 상식을 깨버렸습니다.

그동안 내가 가졌던 생각들이 얼마나 편협했는지를 깨닫습니다. 그리고 한쪽으로 치우친 마음을 가운데로 모아 닫혀 있던 생각을 활짝 엽니다. 그러자 볼 수 없다고 굳게 믿었던 세상의 이면을 볼 수 있게 됩니다.

마흔은 자주 흔들립니다. 이때 중요한 것은 흔들리지 않는 것이 아닌, 이리저리 내달리는 마음을 중심으로 불러들이는 힘을 기르는 일입니다. 중용을 지키는 자세는 치우치지 않는 삶을 이끌고, 어떤 생각도 받아들일 수 있는 '열린 마음'을 갖게 합니다.

앞만 보며 내달리는
마흔에게

4장

누군가의 꿈을 좇지 말고
나만의 꿈을 꿔라

『장자』「제물론」편에 나오는 그 유명한 호접지몽胡蝶之 夢 이야기입니다.

> 나는 전에 나비가 되어 훨훨 날아다니는 꿈을 꾼 적이 있다. 그 때 나는 거리낌 없이 훨훨 나는 한 마리 나비였다. 꿈속의 나는 마냥 즐거울 뿐 그것이 바로 장주, 나 자신인 줄도 까맣게 잊었 다. 놀라 꿈에서 깨자, 나는 여전히 형체가 있는 나인 줄 알게 되었다.
> 그런데 도대체 장주가 나비가 되어 하늘을 나는 꿈을 꾼 것인 지, 아니면 나비가 장주가 된 꿈을 꾼 것인지 모르겠다. 하지만 장주와 나비는 분명히 별개다. 그러나 꿈속에서는 누가 누군지

알지 못한다. 이를, 이른바 물화物化라고 하니, 이는 사물과 자

아가 하나가 됨을 말하는 것이다.

昔者莊周夢爲胡蝶, 栩栩然胡蝶也, 自喩適志與! 不知周也. 俄

然覺, 則蘧蘧然周也.

不知周之夢爲胡蝶與, 胡蝶之夢爲周與? 周與胡蝶, 則必有分

矣. 此之謂物化.

장자는 공상의 대가였습니다. 나비 꿈을 꾼 뒤, 하늘을 자유롭게 날아다녔던 나비가 자신인지, 아니면 지금의 자신이 꿈을 꾸는 나비인지 의문을 품습니다. 영화 〈매트릭스〉에서 주인공이 빨간약과 파란약을 선택하던 장면만큼 충격적인 이야기입니다. 〈매트릭스〉의 주인공 네오는 결국 빨간약을 선택해 지금까지의 인생이 만들어진 꿈임을 깨닫습니다.

'나는 온전한 자기 의지로 삶을 살아가는가?'

'지금 내 인생은 나비 혹은 타인이 꾸는 꿈은 아닌가?'

볼을 꼬집는 것과 동시에 생생한 고통이 느껴지니 꿈속은 아닙니다. 그런데 온전한 자기 의지로 살아가는가에 대한 답은 쉽게 내놓지 못하겠습니다.

시대가 인정하는 '성공'이 있습니다. 과거 조선 시대에는 '끼니를 걱정하지 않을 만큼의 양식'만으로도 성공의 요건을 채울 수 있었습니다. 그런데 요즘 시대에는 웬만한 성공으로는 남에게 인정받기가 어렵습니다. 그 요건도 까다로울뿐더러 '구독자 수백만 명'과 같은 인플루언서의 자질도 요구되기 때문입니다.

일상을 무탈하게 유지하는 일은 되려 지루하고 따분한 삶으로 여겨집니다. 더 이상 장래 희망이 '화목한 가정 꾸리기'인 아이들은 찾아볼 수 없습니다. 어른도 마찬가지입니다. 별일 없이 흘러가는 일상의 소중함을 모르는 사람이 많습니다.

장자를 알게 된 이후, 일상을 잘 챙기는 일이 '진짜 성공'임을 알겠습니다. 지금껏 남들이 인정하는 성공을 좇아 누군가의 꿈속에서 헤매듯 살아왔습니다. 남은 인생은 깨어있는 '나'로 살아가고자 합니다.

간밤에 꾼 꿈입니다.

개미 한 마리가 열심히 건물 벽을 오릅니다. 오래된 벽은 작은 타일을 이어 붙인 구조로, 개미는 그 타일 사이에 난 좁은 길을 따라 오릅니다. 건물 옥상에 개미집이 있을 리도 없는데 개미는 자꾸만 위로 향합니다. 개미를 보며 생각합니다.

'저 개미는 어디로 가는 걸까?'

그 개미는 태어나는 순간부터 지금까지 알 수 없는 호르몬에 이끌려 땅속으로 먹이를 나르고 또 날랐습니다. 그러던 중, 늘 가던 길이 아닌 다른 길을 가보고 싶은 열망에 사로잡힙니다. 그리고 정해진 길을 벗어나 건물 벽을 오르기 시작합니다.

마침내 건물 옥상에 다다른 개미는 끝없이 펼쳐진 세상을 보며 깨달음을 얻습니다. 몽롱한 정신으로 먹이만 찾아다녔던 지난날의 자신은 '죽은 개미'였다고 말입니다. 넓은 세상을 본 개미는 더 이상 먹이를 찾아다니지도, 그 먹이를 땅속으로 나르지도 않습니다. 오로지 넓은 세상을 조금이라도 더 눈에 담기 위해 자신만의 여정을 떠납니다.

호접지몽이 아닌 누의지몽螻蟻之夢입니다. '개미의 꿈'이란 뜻입니다.

나는 꿈속 개미가 되어 호르몬의 굴레를 벗어던지고 건물 옥상을 열심히 올랐습니다. 건물 외벽에 난 좁은 길을 오르는 과정은 힘들었지만, 온전한 자유 의지로 걷는 나의 길입니다.

내가 개미인지 개미가 나인지는 중요하지 않습니다. 나와 개미는 한마음이 되었기에, 그 누구의 꿈도 아닙니다. 오로지 눈앞에 펼쳐진 현실이며, 자기 의지로 살아내는 삶이고, 내가 만들어낸 목표를 향해 나아가는 길입니다.

마흔에 걷는 도의 길

•

마흔에 멈춰서서 인생의 끝을 내다보며 새롭게 다진 목표는 바로 '일상의 행복'입니다. 그 누구도 한 개인의 성공을 정의 내릴 수 없습니다. 그러니 손길이 닿는 곳, 내 음성에 반응하는 사람, 기다림의 소중함을 알게 하는 순간들이 모두 성공의 일부인 것입니다.

주말 한낮에 잠시 거실 소파에 누웠다가 깜빡 잠이 들었습니다. 누군가 내 머리를 쓰다듬는 손길이 느껴져 잠에서 깨어나 보니, 아내가 옆에 앉아 내 머리를 쓰다듬고 있었습니다. 아무 말 없이 머리카락에 닿는 손길이 참 포근했습니다. 그 모습을 본 딸아이가 쪼르르 달려와 엄마를 따라 한다며 내 머리를 쓰다듭습니다. 더할 나위 없이 행복한 일상입니다.

마흔에는 큰 것을 바라기보다, 지금 주어진 작은 행복을 성실히 누리는 것이 인생의 진짜 성공임을 깨닫습니다.

발에 꼭 맞는 신발은
자주 닦아주어야 한다

매일 반복되는 출근길입니다. 차에 올라타 시동을 걸고, 아파트 단지를 빠져나와 십여 분을 주행하는 동안 문득 이런 생각이 듭니다.

'어? 내가 언제 여기까지 왔지?'

반복되는 일상을 기계적으로 겪다 보면, 특정 순간들이 마치 기억에서 사라진 듯 느껴집니다. 더군다나 불안 요소 없이 편안하게만 흘러간다면 일상의 작은 일들은 큰 의식 없이, 큰 의미 없이 생략됩니다.

『장자』「달생」편에 나오는 이야기입니다.

신발이 편하면 발을 잊게 된다. 허리띠가 편하면 허리를 잊게 된다. 마음이 편하면 옳고 그름을 잊게 된다. 안으로는 마음이 변하지 않고 밖으로는 외물을 따르지 않는 것은 일을 이해함이 적절하기 때문이다. 비롯됨이 적절할 때 적절하지 않음이 없는 것은 적절함을 잊을 만큼 적절하기 때문이다.

忘足 屨之適也. 忘要 帶之適也. 忘是非 心之適也. 不內變 不外從 事會之適也. 始乎適而未嘗不適者 忘適之適也.

발에 꼭 맞는 신발을 신으면 발에 신경 쓸 일이 없습니다. 허리둘레에 알맞은 허리띠를 매면 허리띠의 존재 자체를 잊습니다. 그런데 발 크기보다 너무 작거나 큰 신발을 신으면 한 걸음 한 걸음이 신경을 거스릅니다. 또, 맞지 않은 허리띠는 옷매무새를 정리해 주기는커녕 당장이라도 풀어버려야 하는 쓸모없는 물건일 뿐입니다.

매일 반복되는 무탈한 출근길은 발에 꼭 맞는 신발과도 같습니다. 그래서 정신을 차려보면 어느덧 속도를 내달리는 차 안입니다. 그런데 만약, 차의 배터리가 방전된다거나 밤사이 눈에 띄는 문콕 사고를 당했다면 잊었던 '출근 루틴'은 생생한 현실이 됩니다.

오늘 아침 출근길은 여느 날과 다른 루틴입니다. 아파트 단지를 빠져나오다 작은 접촉 사고가 있었습니다. 잊었던 출근길은 급히 보험회사를 부르고, 상대 차주와 연락처를 주고받는 일로 정신없는 시간이 되었습니다.

하지만 괜찮습니다. 덕분에 보험회사에는 어떤 정보를 주어야 하는지, 현장에서 대처는 어떻게 해야 하는지, 그리고 상대 차주와는 어떤 얘기를 해야 하는지를 알았으니 말입니다. 일상을 단단히 챙길 수 있는 또 하나의 유용한 정보를 얻게 되었습니다.

주변의 인간관계에서도 꼭 맞는 신발과도 같은 존재가 있습니다. 항상 아낌없이 내어주는 부모님, 한결같은 마음으로 가족을 위하는 아내, 늘 명랑한 딸아이, 언제 연락해도 마음 편안한 친구. 때론 내 마음과 그들의 마음이 꼭 맞다고 착각하며 소중한 순간을 잊고 살아갑니다.

장자는 알맞음이 주변에 넘쳐날 때 마음의 근심이 사라지고, 애쓰지 않아도 저절로 이루어지는 삶을 살 수 있다고 말합니다. 그런데 가만 생각해 보니, 익숙함이 경지를 넘어서 그 존재 자체를 잊어버린다면 처음의 설렘과 소중함을 마음에 간직하는 일이 쉽지 않겠습니다. 그래서 생각합니다.

'발에 꼭 맞는 소중한 신발은 자주 들여다보고 닦아주어야겠다' 라고 말입니다. 나에게 꼭 맞는 사람들은 평생을 두고 은혜를 갚아야 할 소중한 존재들입니다. 그들의 안부를 묻고, 나 또한 그들에게 꼭 맞는 신발인지 생각해 봅니다.

발에 꼭 맞는 신발은 꼭 맞는 대로, 작은 신발은 작은 대로, 큰 신발은 큰 대로 괜찮습니다. 어떤 신발이든 내가 필요해서 내 마음에 들인 신발이기 때문입니다. 그 신발들을 하나씩 꺼내서 자주 들여다보고 닦아줍니다. 그리고 내 마음의 모양을 잘 다듬어 신발 하나하나를 맞춰 신을 날을 꿈꿉니다.

마흔에 걷는 도의 길

●

초등학교 시절 내내 3층짜리 연립주택에 살았습니다. 매일 아침, 집을 나설 때면 나이가 지긋하신 1층 할머니께서 늘 공동 현관 앞을 쓸고 계셨습니다. 할머니께 배꼽인사를 드리고 학교로 뛰어가는 일이 하루의 시작이었습니다.

그런데 초등학교 4학년 여름쯤부터 할머니의 모습이 보이질 않았습니다. 부모님은 할머니께서 이사 가셨다고 하셨지만, 말씀하시는 부모님의 표정에서는 아쉬움 이상의 무언가가 느껴졌습니다. 그 이후로 나의 아침에는 변화가 생겼습니다. 첫 인사가 사라진 것, 그리고 지저분해진 현관 앞을 지나야 한다는 것이었습니다.

당연하다는 듯 매일 아침 현관 앞을 쓸어주셨던 할머니의 빈자리는 생각보다 컸습니다. 마을 사람들은 일주일 단위로 당번을 정해 할머니께서 하셨던 일을 이어갔습니다. 매일 아침 첫인사의 대상은 바뀌었고, 모두 비질을 하다가 잠시 생각에 잠기는 것을 보니, 아마도 할머니를 떠올리는 듯했습니다.

수십 년이 흘러 마흔이 되었지만, 아직도 소중한 것을 귀하게 여기는 지혜를 다 배우지 못했습니다. 그래서 오늘은 잊고 지냈던 소중한 사람들에게 고마움을 표현하기로 마음먹습니다. 그리고 잠시 눈을 감고 어린 시절로 돌아가, 배꼽인사를 하며 이렇게 말합니다.

"할머니, 매일 아침 감사했습니다!"

일확천금보다
동전 한 닢

　　재능을 꽃피우기에 알맞은 직업을 가지고 시대의 흐름을 잘 읽어낸 사람들은 소위 인생 역전을 이루곤 합니다. 그런데 각종 매체에 소개되는 이런 인생 역전의 주인공들은 과연 얼마나 될까요?

　　매주 복권 일등 당첨자가 많게는 두 자릿수에 달합니다. 그러니 1년간 복권 일등 당첨자의 수는 안되도 백여 명은 됩니다. 그 어렵다는 복권 일등 당첨자도 1년에 백여 명에 달하는데, 매체에 소개될 정도의 인생 역전을 맛본 사람들은 손에 꼽습니다. 그만큼 한 사람이 인생에서 자기 재능을 시의적절하게 꽃피우기란 쉽지 않은 일입니다.

『장자』「소요유」편에 나오는 이야기입니다.

송나라에 대대로 솜을 세탁하는 일을 하는 사람이 있었다. 그는
손을 트지 않게 하는 약 만드는 비법을 갖고 있었는데, 하루는
어떤 손님이 찾아와 그 비법을 백금을 주고 사겠다고 말했다.
그는 가족들을 모아놓고 말했다.

"우리 집안은 대대로 솜 빠는 일을 해왔는데 기껏 돈 몇 푼을
버는 데 그쳤다. 어떤 사람이 우리 집안의 기술을 백금에 사겠
다고 하니 팔아야겠다."

백금을 주고 특별한 비법을 산 손님은 그 길로 오나라로 향했
다. 그때 마침 월나라가 오나라를 침입하자 오나라 왕은 그를
장군으로 등용해 월나라와의 수전水戰에 출전을 명했다. 손을
트지 않게 하는 특별한 비법을 아는 그의 활약으로 오나라 군
은 수전에서 우위를 차지할 수 있었고, 결국 오나라는 월나라
를 대패시켰다. 왕은 그의 공을 인정해 땅을 내어주고 영주로
삼았다.

똑같은 비법을 가지고 어떤 이는 영주가 되었고 어떤 이는 솜
을 세탁하는 일을 벗어나지 못하였으니, 그 비법을 사용하는
방법이 달랐기 때문이다.

宋人, 有善爲不龜手之藥者, 世世以洴澼絖爲事, 客聞之, 請買其方百金.

聚族而謀曰 "我世世以洴澼絖, 不過數金, 今一朝而鬻技百金, 請與之."

客得之, 以說吳王. 越有難, 吳王使之將, 冬與越人水戰, 大敗越人, 裂地而封之.

能不龜手, 一也, 或以封, 或不免於洴澼絖, 則所用之異也.

송나라에서 솜을 세탁하던 사람은 끝내 솜 세탁하는 일을 면하지 못합니다. 겨울에는 손이 트고 여름에는 무더위에 몸이 녹아내릴 듯 일을 하지만 큰돈은 벌지 못합니다. 그렇다고 그 사람의 인생이 불행한 걸까요?

솜 세탁하는 일을 하며 자주 손이 텄던 그는 불편을 해소하려고 갖은 고민을 했습니다. 그리고 집안 대대로 내려오는 비법을 활용해 수십 가지의 재료를 조합해 보며 손이 트지 않게 하는 약을 만들기 위해 노력합니다. 결국, 그는 전에 없던 약을 만들어내는 데 성공했고, 어느 날 한 손님에게 그 비법을 팔아 백금을 얻게 됩니다.

이렇게 보니, 그는 일상의 불편을 해소하려는 적극적인 자세를 지닌 사람입니다. 또 수십 가지의 재료를 찾는 신중함과 수천 번의 실험을 해낼 수 있는 지구력도 가졌습니다.

10년, 20년 뒤 그의 모습을 짐작해 봅니다. 아마도 좀 더 향상된 기능의 손이 트지 않는 약을 개발하는 것은 물론이고, 솜 세탁하는 일의 효율을 높이는 각종 장치도 개발해 낼 것입니다. 요즘으로 말하면 연일 히트 상품을 개발해 내는 벤처 기업의 사장님인 셈입니다.

반면, 영주가 된 사람의 운명은 어찌 되었을까요? 전쟁의 공로를 인정받았기에, 다음번 전쟁에도 등용돼 여러 번의 죽을 고비를 넘겨야 했을지도 모릅니다.

인생에서 진짜 성공을 이루려면, 가진 재능을 꽃피울 기회를 기다리기보다 중요한 것이 있습니다. 바로 자신의 재능을 얼마나 집요하게 연마하고, 일상에서 실현할 수 있는지를 고민하는 자세입니다. 요즘은 "지루하면 죽는다."라고 말할 정도로 사람들의 인내심이 부족합니다. 사람들은 몇 초 단위로 콘텐츠를 소비하고, 그때그때 유행하는 취미 생활을 하느라 정신이 없습니다.

잠시 눈을 감고 생각해 보십시오. 단 10분 만이라도 말입니다. 그러면 금세 깨닫게 됩니다. 정신없는 일상 중 사색하는 시간을 보낸 지가 꽤 오래되었다는 것을. 그리고 생각해 봐야 합니다. 자기 재능이 무엇이고, 그것을 얼마나 꾸준하게 연마하고 실천할 수 있는지를.

기초 과학을 중요하게 여기는 나라가 성장이 더딘 것처럼 보여도 결국은 세계를 주도하는 핵심 기술을 만들어냅니다. 송나라 사람이 솜 세탁하는 일을 당장은 면하지 못한 것처럼 보여도 괜찮습니다. 언젠가 그는 수많은 특허 상품을 만들어내 백금이 아닌, 만금을 얻을 수 있을 테니 말입니다.

막연하게 일확천금을 기대하기보다 꾸준함을 무기로 꽃피운 재능이 한 닢 두 닢의 동전을 가져다주길 기대합니다.

마흔에 걷는 도의 길

•

'모자이크'라는 기법이 있습니다. 종이, 금속, 타일 등을 조각조각 붙여서 무늬나 회화를 만드는 기법으로, 3천 년 전 수메르 유적에서 발견될 정도로 유서 깊은 시각 예술입니다.

우연히 한 전시장에 들러 커다란 그림을 접했습니다. 작품에 다가갈수록 여느 그림과 다른 질감이 느껴졌습니다. 최대한 그림에 가까이 다가가자, 작은 종이 조각을 이어 붙여 만든 모자이크 작품임을 알게 되었습니다. 그리고 다시 뒤로 물러서서 시야에 전체 그림을 담아 봅니다. 모자이크라는 점을 인지하고 그림을 보니, 참으로 대단하다는 생각이 듭니다.

'저기쯤에서 한계가 왔을까? 아니면 저기쯤일까?'

작가가 그림을 완성해 가는 과정을 짐작해 보며 '지난한 과정이 고통이지 않았을까?' 하고 상상해 봅니다. 아니, 어쩌면 첫 땀부터 마지막 조각까지 지치지 않는 열정으로 작업했을 수도 있습니다. 어쨌든 작품은 완성되었고, 사람들 앞에 전시되어 누군가에게 감동을 주었습니다.

마흔에는 언젠가 작은 조각을 이어나가, 웅장한 그림을 완성할 날을 꿈꿉니다.

유한한 삶에서 무한한 지혜를
추구하는 법

삶은 유한합니다. 이는 누구도 거스를 수 없는 불변의
진리입니다. 하지만 사람들은 삶이 끝없이 이어질 것처럼 살아갑
니다. 이런 착각 속에 살다 보니, 더 가지려는 욕심을 내려놓지 못
합니다.

하나를 가지면 두 개를 원하고, 두 개를 얻으면 그다음을 생각합
니다. 그렇게 불어나는 욕심에 멈춰야 할 때를 알지 못하고, 정작
중요한 것을 돌보지 못합니다.

『장자』「양생주」편에 나오는 이야기입니다.

우리의 삶은 유한하지만, 지혜는 무한하다. 유한한 인생으로

무한한 지혜를 추구한다는 것은 위험한 일일 뿐이다. 더구나 이런 위험을 알지 못하면서 다시 지혜를 얻으려는 것은 더욱 위태롭다. 선을 행한다 해도 명예를 얻으려 해서는 안 되고, 악을 행한다 해도 형벌에 이르러서는 안 된다.

자연의 정도를 따라 적당한 선을 지켜야만 몸을 보전할 수 있고, 삶을 온전히 할 수 있으며, 나아가서는 부모를 봉양하면서 하늘이 준 수명을 다할 수 있다.

吾生也有涯, 而知也無涯. 以有涯隨無涯, 殆已. 已而爲知者, 殆而已矣. 爲善無近名,

爲惡無近刑. 緣督以爲經, 可以保身, 可以全生, 可以養親, 可以盡年.

장자는 육신을 보전하는 삶은 언젠가 끝이 나니, 지혜의 무한함을 추구해야 한다고 말합니다. 맛있는 것을 먹고, 좋은 옷을 입고, 온갖 금은보화로 치장한들, 죽음의 문턱 앞에서 모두 내려놓아야 합니다.

짧은 생을 무한대로 확장해 주는 것은 지혜입니다. 한 인간이 죽을 때까지 얻은 귀중한 지혜는 어떤 형태로든 다음 세대로 이어집니다. 수천 년 전 장자와 같은 성현의 지혜를 지금의 우리가 만나고 있음이 바로 그 방증입니다.

하지만 장자는 무한한 지혜를 추구하는 일 또한 삶의 유한성에서 벗어날 수 없다고 합니다. 그래서 자연의 정도를 따라 적당한 선을 지켜야 한다고 강조합니다. 결국 인간이 누리는 지혜는 죽음 이후가 아닌 살아가는 동안 깨닫고 누려야 하는 것입니다.

먼저, 장자는 선을 행할 때 명예를 얻으려고 해서는 안 된다고 말합니다. 자신이 하는 일에 대해 누군가의 인정을 기대하다 보면, 그 일에 진심을 담을 수 없습니다. 시작은 선의일지라도 자신이 한 일에 대해 명예를 바라게 되면 결국 원망과 같은 응어리를 남기게 됩니다.

다음으로 장자는 나쁜 일을 행한다 해도 형벌에까지 이르러서는 안 된다고 강조합니다. 인간은 실수하기 마련입니다. 실수를 반성하고 성장하는 존재 또한 인간입니다. 그런데 실수가 나쁜 일로 여겨지고, 더 나아가 형벌에까지 이르면 삶을 온전하게 보전할 수 없습니다. 이는 스스로 생을 단축하는 일입니다.

장자는 선을 행하든, 악을 행하든 중도를 지킨다면 하늘이 준 수명을 다할 수 있다고 말합니다. 더군다나 부모를 봉양하면서 말입니다. 어쩌면 이는 무한한 지혜를 유한한 삶에서 추구하기 위한 최소한의 요건인 셈입니다. 주어진 수명을 잘 살아야 지혜를 얻을 기회가 주어지기 때문입니다.

삶이 유한함을 조금 알 것 같기도 한 마흔입니다. 장자를 통해 내 삶이 끝없이 이어지지 않음을 뼈저리게 느끼면서도, 어떻게 해서든 온전히 살아내야 하는 이유를 찾았습니다. 그리고 인생에서 욕심을 부려야 하는 것은 부와 명예가 아닌 끝없이 이어지는 지혜를 얻는 일임을 깨닫습니다.

'삶의 유한성'과 '지혜의 무한성'을 깨닫자, 인생의 모든 기준이 '남'에게서 '나'로 되돌아옵니다. 이제야 내 삶을 지탱해 주는 진짜 소중한 것들이 눈에 보이기 시작합니다. 더하지도 덜하지도 않은 중도의 마음, 삶은 영원하지 않다는 진리를 깨닫고, 무한의 지혜를 온전한 삶 속에서 찾아야 한다는 각오를 다집니다.

그렇게 언젠가 생이 다하는 날, 켜켜이 쌓아 올린 지혜가 주변의 소중한 사람들에게 전해져 무한한 생명력을 얻기를 바랍니다.

마흔에 걷는 도의 길

●

흐르는 물은 멈추는 법이 없습니다. 장애물을 만나면 에둘러 가고, 둑을 만나면 잠시 고여 소용돌이치다가 어느새 넘쳐흐릅니다. 물뿐만 아니라 바람도 마찬가지입니다. 바람은 대기와 땅의 기운을 받아 흐름을 얻고 어디든 자유롭게 드나듭니다.

멈춤이 없는 물과 바람처럼, 지혜를 추구하는 삶에 그침이 없기를 바랍니다. '멈춰야 비로소 보인다'라고 하지만, 그때의 멈춤은 눈을 감고 잠시 몸을 쉬라는 뜻입니다. 멈춰서 보려면 그 어느 때보다 정신을 집중하고 마음을 바삐 움직여야 합니다.

마흔에는 몸의 움직임은 줄이고, 사색의 시간은 늘려갑니다.

그것이 유한한 삶에서 무한한 지혜를 추구하는 가장 자연스러운 방법임을 이제는 알겠습니다.

힘을 빼야
'핵심'이 보인다

소중한 사람과 함께한 추억은 때로 사물에 깃들어, 그 물건을 간직하는 것만으로도 위안이 됩니다. 굳이 사진을 꺼내보거나 함께 갔던 곳에 들르지 않더라도 요술램프를 문지르듯, 추억을 소환할 수 있습니다. 이렇게 본다면, 우리는 그 사람의 외형을 따르고 좋아했던 것이 아님을 알 수 있습니다. 풍기는 분위기, 말투, 억양, 그리고 작은 몸짓들이 정신적 교감을 이루는 바탕이 됩니다.

그래서 누군가를 사랑할 땐, 상대가 어떤 모습인지는 중요하지 않습니다. 눈에 보이지 않는 정서적 끈이 둘 사이를 잇고, 그 끈이 굵고 단단해질수록 한마음처럼 교감이 이루어집니다.

말하지 않으면 알 수 없는 것이 더 많지만, 말하지 않아도 알 수 있는 것을 하나둘 늘려가는 것이 사랑입니다.

『장자』「덕충부」편에 나오는 이야기입니다.

공자가 말하였다.

"제가 예전에 초나라에 사신으로 간 적이 있었습니다. 그때 새끼 돼지가 죽은 어미젖을 빠는 모습을 보았습니다. 얼마 지나지 않아, 그 새끼들은 깜짝 놀라면서 어미를 버리고 달아났습니다. 그것은 미동 없는 어미가 자기들을 보살펴 주지 못하고, 축 늘어진 모습이 자기들과 달랐기 때문일 것입니다.

새끼들이 어미를 사랑하는 것은 어미의 형체를 사랑하는 것이 아니라, 그 형체를 이끄는 정신을 사랑하는 것입니다. 그것은 마치 전쟁터에 나가서 죽은 사람을 장사 지낼 때 상여에 장식품을 쓰지 않고 발이 잘린 사람은 신발을 소중히 여기지 않는 것과 같으니, 이는 근본을 잃었기 때문입니다."

仲尼曰 "丘也嘗使於楚矣, 適見㹠子食於其死母者, 少焉眴若皆棄之而走. 不見己焉爾, 不得類焉爾. 所愛其母者, 非愛其形也, 愛使其形者也. 戰而死者, 其人之葬也不以翣資, 刖者之屨, 無爲愛之, 皆無其本矣."

새끼 돼지가 어미를 사랑했던 것은 단지 젖을 먹을 수 있어서가 아니었습니다. 죽은 지 얼마 되지 않은 어미의 몸에는 아직 젖이 흘렀습니다. 하지만 정신없이 젖을 빨던 새끼들은 어미의 다정한 손길이 느껴지지 않자, 어미를 버리고 달아납니다. 영혼이 빠져나간 어미는 새끼들에게 더 이상 어미가 아니었습니다.

관계에 있어서 겉모습이 아닌 정신적 교감을 중요하게 생각한다면, 상대방이 좋아하는 것이 무엇인지, 어떤 고민이 있는지, 무슨 대화를 원하는지 자연스럽게 알게 됩니다. 그렇게 되면 더 이상 서로의 모습이 어떠한지는 중요하지 않습니다. 거울에 비친 자신을 치장하느라 약속 시간에 늦을 이유도, 상대의 고민거리에 귀 기울이지 못할 이유도 사라집니다.

사람과 관계 맺는 일뿐만 아니라 사회생활 하는 데에도 인간의 '정신'과 같은 핵심적인 요소가 있습니다.

중요한 미팅을 앞두고 미용실에 들러 머리를 자릅니다. 옷도 날씨와 분위기에 맞는 말끔한 스타일로 고릅니다. 그런데 외관을 꾸미느라 정작 중요한 회의 서류를 꼼꼼히 살피지 못합니다. 미팅 장소에 도착해 상대방과 인사를 나누고 간단한 대화를 시작할 때까지는 분위기가 좋습니다. 그런데 본격적인 회의가 시작되자 준비한 내용을 제대로 전달하지 못해 애를 먹습니다. 회의를 마치고 인사를 나누는 모습은 첫인사 때와는 달리 가라앉은 분위기입니다.

삶에서 핵심이 되는 중요한 요소를 정말 중요하게 여길 줄 알아야 합니다. 그렇게 중요한 것을 중요하게 바라볼 수 있게 되면, 오히려 삶이 가벼워집니다.

마흔에는 삶 이곳저곳에 힘이 잔뜩 들어가 있습니다. 관계에서든 일에서든 핵심을 찾아야 하기에 이제는 몸과 마음에 힘을 빼야 할 때입니다.

마흔에 걷는 도의 길

●

주변 사람의 얼굴을 한 명씩 떠올려 봅니다. 그러자 자신도 모르게 '성격 좋은 사람', '돈 많은 사람', '공부 잘하는 자식을 둔 사람', '골프 잘 친다는 사람' 등으로 평가하기 시작합니다.

정작 그 사람과 나의 관계는 돈독한지, 대화를 나눌 때 서로를 배려 하는지, 진심을 담아 안부를 묻는지에 대해서는 별생각이 없습니다. 관계에서 정말 중요한 핵심을 빼먹은 것입니다.

어쩌면 내가 무의식중에 평가하는 그 사람들도 나를 떠올릴 때 이런 저런 꼬리표를 달 거란 생각을 합니다. 핵심이 빠진 관계는 그야말로 모래 위에 쌓아 올린 성과 같이 밀물 한 번에 힘없이 무너집니다.

마흔에는 관계를 정리해야 합니다. 여기서 말하는 '정리'란 인연을 끊 을 사람인지 이어갈 사람인지를 구분하는 것이 아닌, 상대와의 관계 에서 정말 중요한 핵심이 무엇인지 생각해 봐야 한다는 뜻입니다.

스마트폰에 저장된 연락처 목록을 천천히 확인합니다. 그리고 수정 버튼을 눌러 그 사람과 내 연결 고리의 핵심이 되는 단어 한두 개를 추 가합니다. '말투가 다정한 사람', '언제 연락해도 반겨주는 사람', '긍정 표현이 자연스러운 사람', '항상 손을 잡아주는 사람' 등으로 말입니다.

그러자 마흔의 인간관계는 그 어느 때보다 단단하고 풍성해집니다.

멍에를 둘러멜지라도
장점에 집중하라

"장점에 집중하라."라는 말에 누구나 공감합니다.

그럼 자신의 '장점'은 어떻게 찾을 수 있을까요? 장점은 말 그대로 '잘하는 점'을 의미합니다. 이것은 남과 비교해서 알 수 있거나, 본인의 다른 능력에 비해 수월하게 해낼 수 있는 부분입니다.

사람은 저마다 타고난 면이 있습니다. '말을 잘하는 사람', '시야가 넓은 사람'. '길을 잘 찾는 사람', '촉각이 예민한 사람' 등등. 뛰어난 감각, 혹은 능력이 있습니다.

대개 자기가 타고난 본성을 잘 활용하는 분야에서 장점을 찾을 수 있습니다. 이렇듯 장점은 갑자기 생기는 것이 아닌, 이미 본인 안에 내포된 것입니다.

『장자』「마제」편에 나오는 이야기입니다.

> 말은 육지에 살면서 풀을 뜯고 물을 마신다. 기쁘면 서로 목을 맞대고 몸을 비비고, 성나면 등을 돌려 서로 발길질을 한다. 말의 지혜란 여기에 그친다.
>
> 그런데 그 말 목에다 멍에를 메고, 이마에 쇠붙이를 붙여 행동을 제약하면, 순했던 말도 고개를 숙여 안장에 올라탄 사람을 들이받는가 하면 고삐를 물어 끊고 멍에를 벗어던지려고 한다. 그러므로 온순한 말의 지혜를 도적처럼 교활하게 만든 것은 백락伯樂의 죄다.

> 夫馬, 陸居則食草飲水, 喜則交頸相靡, 怒則分背相踶. 馬知已此矣. 夫加之以衡扼, 齊之以月題, 而馬知介倪. 闉扼. 鷙曼. 詭銜. 竊轡. 故馬之知而態至盜者, 伯樂之罪也.

'백락'은 중국 춘추 전국 시대 인물로, 명마를 알아보는 안목이 뛰어난 사람이었습니다. 그가 고른 말은 백이면 백이 명마였고, 아무리 비루한 말이라도 그가 관리하면 천리를 내달리는 명마가 되었습니다.

그런데 장자는 그런 백락이 말의 순수한 지혜에 멍에를 메워 교활하게 만들었다고 말합니다. 말은 무언가에 얽매이지 않은 상태로 풀을 뜯고 자유롭게 살아가다가, 인간으로부터 자유를 억압당하자 사납게 덤벼들기 시작한 것입니다.

사람도 말과 마찬가지로 여러 가지 제도와 역할로 인해 타고난 본성을 억압당한 채 살아갑니다. 인간관계든 사회생활이든 마음이 정말 동해서 흔쾌히 하는 일이 얼마나 되는지 생각해 보십시오. 이렇듯 누구나 '마지못해하는 일', '생각만 해도 머리가 아픈 일'을 늘 한두 가지 정도는 안고 살아갑니다.

본성을 억압당하고 자유 의지가 통제된 상황에서는 장점을 발견할 수 없습니다. 인생은 자기 몸만 건사하면 되는 것이 아니기에, 하고 싶은 일만 하며 살 수 없습니다. 가족을 부양하려면 돈을 벌어야 하고, 성과를 인정받으려면 고된 일도 해야 합니다. 주변에 백락과도 같은 사람과 일이 몰아치니, 가슴은 답답하기만 합니다.

멍에를 둘러메야 하는 어쩔 수 없는 상황에 반발만 하고 있다가는 자유도 명예도 얻을 수 없습니다. 최악의 상황에서는 목숨마저도 위태로울 수 있습니다. 그래서 멍에를 둘러메야 한다면 현명하게 둘러메야 합니다. 자기 목둘레에 꼭 맞게 그리고 더 부드러운 면이 닿도록 수없이 고쳐 메야 합니다. 그렇게 주변을 내 몸에 맞게 정리하고 나면, 그제야 타고난 장점에 집중할 수 있게 됩니다.

말의 본성은 자유롭게 달리는 것입니다. 비록 멍에를 둘러메고 사람 손에 길들 형편이지만, 화를 삭이고 멍에를 고쳐 메야 편안하게 달릴 수 있습니다.

어느 때보다 바쁘게 살아가는 마흔은 항상 남에게 휘둘리는 기분입니다. 아무리 시간을 쪼개도 온전한 자기만의 시간은 주어지지 않습니다. 그런데 잠시 멈춰 서서 주변을 돌아보니, 나로 인해 행복해하는 사람들이 있습니다.

그래서 다시 힘을 냅니다. 그리고 내달리기만 하느라 제대로 보지 못했던 멍에를 점검합니다. 소중한 나의 사람들과 오래도록 함께 달릴 수 있도록 말입니다.

마흔에 걷는 도의 길

•

행복하게 여행하려면 몸이 가벼워야 합니다.

돌덩이처럼 무거운 짐가방을 들고 떠나는 여행은 고행을 자처하는 일입니다. 그러니 여행의 즐거움을 만끽하려면, 짐을 줄이고 몸을 가볍게 해야 합니다. 몸뿐만 아니라 마음도 마찬가지입니다. 온갖 걱정으로 마음이 무거우면 제대로 보고, 듣고, 맛볼 수 없습니다.

이렇듯 멍에를 잘 고쳐 메는 일 못지않게, 멍에를 풀고 여행을 떠날 때도 몸과 마음을 잘 돌봐야 합니다. 어렵게 찾아온 기회에 가뿐한 몸 상태를 유지해야 합니다. 오히려 꽉꽉 채우진 않았는지 말입니다. 일상의 쉼도 미리미리 준비해야 하는 이유입니다.

2박 3일 일정으로 출장을 떠났습니다. 요즘 내가 지쳐 보인다며 안쓰러워하던 아내가 통 큰 배려를 해줍니다. 출장 일정이 끝난 뒤, 하루 더 머물면서 혼자만의 시간을 가지라는 것이었습니다.

행복한 쉼이 되게 하려고 준비한 것은 '준비하지 않는 마음'이었습니다. 그래서 혼자 보내는 하루 남짓한 기간에 쓸 짐을 따로 챙기지 않았습니다. 출장 기간을 포함해 3박 4일 동안 사용할 짐을 넣은 가방은 조촐했습니다. 가벼운 여행을 위한 완벽한 준비였습니다.

출장과 여행을 마치고 돌아가면 다시 멍에를 둘러메야 한다는 것을 알지만, 그래도 괜찮습니다. 비워낸 몸과 마음은 멍에를 고쳐 메기에 안성맞춤이기 때문입니다.

완벽한 대안보다
발 빠른 대처가 필요하다

늦은 저녁, 놀이터에서 뛰어노는 딸아이를 붙잡고 이야기합니다.

"딸, 이제 저녁 먹으러 갈 시간이야. 곧 해 지고 밤 되겠어."

딸아이가 고개를 저으며 대답합니다.

"아빠, 아니야. 밤이 되기 전에 노을이 지는 걸 빼먹었잖아."

캄캄한 밤을 떠올리다 보니, 하늘을 붉게 물들이는 노을을 미처 생각하지 못합니다. 인생에서도 먼 곳만 바라보느라, 눈앞의 중요한 순간을 놓친 것은 아닌지 반성해 봅니다.

『장자』「외물」편에 나오는 이야기입니다.

장자가 가난하여 감하후^{監河侯}에게 곡식을 빌리러 갔다.

감하후가 말했다.

"좋습니다. 내가 장차 영지의 세금을 거둬들여 선생에게 300금을 빌려드리겠습니다. 어떻습니까?"

장자는 화가 나 얼굴빛이 붉으락푸르락하며 말했다.

"제가 어제 이곳에 오는 길에 누군가가 저를 불러 주위를 둘러보니, 수레바퀴 자국에 고인 물웅덩이 속 붕어였습니다. 제가 '붕어야! 왜 그러느냐?'라고 물었더니, 붕어가 대답했습니다. '저는 동해 용왕의 신하입니다. 물 몇 됫박으로 저를 살려주십시오.' 제가 말했습니다. '그렇게 하지, 내가 남쪽의 오나라와 초나라 왕을 설득해서 서강의 물을 끌어다가 너를 구해주겠다. 어떠냐?' 붕어는 성이 나서 얼굴빛을 붉으락푸르락하며 말했습니다. '저는 제가 항상 함께하던 물을 잃어서 당장 몸 둘 곳이 없으니, 물 몇 됫박만 있으면 살 수 있습니다. 선생의 말대로 하려면 차라리 저를 건어물 가게에 가서 찾는 것이 나을 것입니다.'"

莊周家貧, 故往貸粟於監河侯. 監河侯曰 "諾. 我將得邑金, 將貸子三百金, 可乎?"

莊周忿然作色曰 "周昨來, 有中道而呼者. 周顧視車轍中, 有鮒魚焉.

周問之曰 '鮒魚來! 子何爲者邪?'

對曰 '我, 東海之波臣也. 君豈有斗升之水而活我哉?'

周曰 '諾. 我且南遊吳越之土, 激西江之水而迎子, 可乎?'

鮒魚忿然作色曰 '吾失我常與, 我無所處. 吾得斗升之水然活耳,

君乃言此, 曾不如早索我於枯魚之肆.'"

붕어에게 필요한 것은 드넓은 양쯔강 물이 아니었습니다. 웅덩이에 빠져 말라가는 비늘을 적셔줄 물 한 바가지면 충분했습니다. 장자 또한 몇 개월 뒤에나 받을 300금이 아닌, 지금 손안에 담을 곡식 한 줌이 필요했습니다. 자연의 흐름에 따라 유유자적 살고자 한 장자조차도 목숨이 경각에 달린 상황에서는 적극적으로 대처해야 함을 강조합니다.

가뭄에 시달리는 사람에게 양쯔강은 마르지 않는 샘과 같습니다. 가난한 사람에게 300금은 몇 달 치 양식을 살 수 있는 충분한 돈입니다. 그런데 아이러니하게도 이것들은 눈앞에 닥친 곤경을 해소하기에는 너무나 '완벽한 대안'입니다.

그러니 일분일초를 다투는 시급한 상황에서 필요한 것은 완벽한 대안이 아닌 '발 빠른 대처'입니다.

완벽하지 않으면 시도조차 하지 않으려는 사람이 있습니다. 그런 사람들은 지난한 숙려 기간 동안 잘 풀리는 미래보다 좌절하고 넘어지는 앞날을 상상합니다. 완벽해지려고 만전을 기하지만, 결국 완벽할 수 없는 이유를 찾는 것입니다.

식물은 열매 맺으려고 꽃을 피웁니다. 그런데 식물은 적정 온도와 충분한 물이 있어야만 꽃을 피우는 것이 아닙니다. 최소한의 물과 햇빛만으로도 꽃피우고 열매를 맺으려고 최선을 다합니다.

그러니 완벽하지 않아도 괜찮습니다. 원하는 결과를 장담할 수 없다고 하더라도, 꽃을 피우려면 한 걸음 내디뎌야 합니다.

완전한 어둠이 내려앉은 밤이 오기 전, 고개를 들어 하늘을 바라봅니다. 하늘을 붉게 적시는 노을이 눈에 들어옵니다. 지치고 힘든 마음에 딱 필요한 한 줌 위로입니다.

마흔에 걷는 도의 길

●

전구를 발명한 토머스 에디슨Thomas Alva Edison은 만 번의 실패 뒤
이렇게 말합니다.

"나는 실패한 것이 아니다. 단지, 잘되지 않는 만 가지 방법을 찾았을
뿐이다."

어떤 일을 만 번 시도하려면 쉴 새 없이 무언가를 찾고, 적용하는 과
정이 필요합니다. 에디슨은 희박한 가능성만으로도 전구의 필라멘
트 소재로 적합한 물질인지 실험했습니다. 그렇게 완벽한 물질을 발
견하기 전까지 그는 계속해서 실험했습니다.

불확실한 인생에서 가장 완벽한 대안을 찾는 방법은 아이러니하게
도 '불완전함을 인정하는 자세'입니다. 완벽한 미래를 꿈꾸기보다 눈
앞에 놓인 불완전함을 개선해 나감이 완전함에 가까워지는 길입니
다. 실패를 만 번 경험하는 자만이 어둠을 밝혀줄 빛을 발견할 수 있
는 것입니다.

아무리 짧은 글도 한 호흡 만에 완성할 수 없습니다. 초고를 쓰고, 다
시 고쳐 쓰는 퇴고 과정이 필요합니다. 완전한 글이 아니어도 시작은
할 수 있습니다. 아니, 일단 써야 완전한 글이 될 수 있습니다.

'일단 해보는 마음'은 어느새 마흔이라는 시간을 다채롭게 이끕니다. 몇 권의 책을 내고, 이전과 다른 시선으로 세상을 볼 수 있게 되었습니다. 그렇게 오늘도 완벽하지 않지만, 일단 씁니다.

크게 봐야 균형을
잡을 수 있다

초상화를 그린다고 가정해 봅니다. 먼저, 얼굴 윤곽을 잡기 시작합니다. 눈동자부터 시작해 그림을 완성할 수도 있지만, 그렇게 시작한 그림은 대부분 균형감이 부족합니다. 그래서 전체로부터 시작해 섬세한 선으로 마무리하는 순이 일반적입니다.

눈썹을 한올 한올 사실적으로 묘사하지 않아도, 전체적인 구도가 안정적인 초상화는 '잘 그린 그림'으로 인정받습니다. 반면, 입술의 질감까지 표현했더라도 얼굴형이 틀어지면 어딘가 부족한 그림이 됩니다. 결국 잘 그린 초상화냐 아니냐를 나누는 것은 사실적으로 그린 눈동자가 아닌 균형감 있는 윤곽선입니다.

『장자』「즉양」 편에 나오는 이야기입니다.

대진인이 혜왕에게 말했다.

"혹시 달팽이를 압니까?"

혜왕이 말했다.

"네, 압니다."

대진인이 말했다.

"달팽이의 왼쪽 뿔에 나라가 있었는데 촉씨觸氏라 불렀습니다.
달팽이의 오른쪽 뿔에도 나라가 있었는데 만씨蠻氏라고 불렀
습니다. 그런데 이 두 나라가 서로 땅을 빼앗으려고 전쟁을 벌
였습니다. 그리하여 쓰러진 시체가 수만 구나 되었고, 도망치
는 자들을 추격하다가 15일 만에야 되돌아왔습니다."

혜왕이 말했다.

"그 무슨! 말도 안 되는 이야기입니까?"

대진인이 말했다.

"제가 임금님을 위해 그것을 증명하겠습니다. 임금님은 사방
과 하늘과 땅에 한계가 있다고 생각하십니까?"

혜왕이 말했다.

"한계가 없다고 생각합니다."

戴晉人曰 "有所謂蝸者, 君知之乎?"

曰 "然."

> "有國於蝸之左角者曰觸氏, 有國於蝸之右角者曰蠻氏, 時相與
>
> 爭地而戰, 伏尸數萬, 逐北旬有五日而後反."
>
> 君曰 "噫! 其虛言與?"
>
> 曰 "臣請爲君實之. 君以意在四方上下有窮乎?"
>
> 君曰 "無窮."

달팽이 뿔은 눈을 가늘게 뜨고 살펴봐야 겨우 그 형태를 볼 수 있습니다. 그렇게나 작은 뿔 위에서 벌어지는 싸움은 눈으로 볼 수 없을뿐더러, 어느 한쪽이 이긴다고 한들 인간에게는 아무런 영향이 없습니다.

장자는 이 이야기를 통해 인간이 서로 목숨을 걸고 격렬하게 싸우는 행위 또한, 달팽이 뿔 위에서 싸우는 일에 지나지 않는다고 말합니다.

저 멀리 우주에서 바라본 지구는 셀 수 없이 많은 행성 중 하나입니다. 그리고 한 나라는 지구상에 존재하는 수백 개 나라 중 하나이고, 개인은 수십억 인구 중 한 사람일 뿐입니다.

만약, 지금 당신 삶이 치열한 전투에 휘말려 위태롭다고 느껴진다면, 사고 범위를 확장해서 생각해 봐야 합니다. 인생이라는 큰 그림에서 그 싸움이 가지는 의미는 눈썹 한 올 정도일 수도 있으니 말입니다.

때론 사소한 것을 정말 사소하게 여길 줄 알아야 합니다. 자칫 눈앞에 놓인 문제에 너무 매몰되면, 사소한 일을 '해답 없는 난제'로 만들어버립니다. 마치 산비탈을 구르며 스스로 몸집을 불리는 눈덩이처럼 말입니다.

이때, 구르는 눈덩이를 멈춰 세울 방법은 더 큰 눈더미 속에 눈덩이를 파묻어 버리는 것입니다. 한없이 몸집을 불리던 눈덩이는 끝없이 펼쳐진 눈밭에 묻혀 그저 하얀 눈이 됩니다.

인생이라는 큰 그림을 볼 줄 알아야 합니다. 지금 당신이 겪는 시련은 전체 그림을 완성하기 위한 선 한두 획에 지나지 않습니다.

선을 제대로 긋지 않더라도 괜찮습니다. 아직 채울 곳이 남아있고, 음영을 주어 공간을 채울 수 있기 때문입니다. 그러니 잘못 그은 한 획에 좌절하기보다 균형 잡힌 윤곽선을 그리는 일에 신경 써야 합니다.

마흔에 걷는 도의 길

•

앨범을 정리하다가 학창 시절에 찍은 스티커 사진을 발견했습니다. 아마도 졸업식 날 친구들과 찍은 사진인 듯했습니다. 옹기종기 모여 장난기 가득한 표정을 짓는 모습이 너무 앳돼 보였습니다. 한 명 한 명 얼굴이 자세히 보이진 않았지만, 생각보다 잘 나온 말 그대로 '인생 샷'이었습니다.

앨범을 한 장 더 넘기자, 같은 날 찍은 졸업식 사진이 있었습니다. 그런데 좀전의 스티커 사진과는 느낌이 사뭇 다릅니다. 같은 인물인데도 말입니다. 어중간하게 자란 머리, 짧아진 교복에 맞지 않는 옷매무새, 촌스러운 안경테. 몇 배는 커진 사진 크기에 '같은 인물, 다른 느낌'의 사진이 되었습니다.

사진이 작아질수록 판단 기준은 흐려집니다. 작게 보이는 얼굴 이목구비는 못난 점을 특별히 부각하지 않습니다. 그래서 작은 스티커 사진에 유독 인생 샷이 많습니다. 사진 보정 앱 필터 효과가 대부분 '선명하게'가 아닌 '흐리게'인 이유입니다.

마흔에는 인생을 작은 사진 속에 담습니다. 그러자 눈앞의 고난은 드넓은 풍경 속 나무 한 그루에 지나지 않음을 깨닫습니다.

'상'과 '벌'에
집착하지 않아야 한다

　　　　형벌로 다스려지던 일도 법조문을 개정하면 하루아침에 합법이 됩니다. 반대로, 많은 사람의 공분을 산 사건으로 인해, 전에 없던 형벌이 줄줄이 생기기도 합니다. 죄의 성립 여부가 법조문에 쓰인 단 몇 줄에 달린 것입니다.

　이렇듯 몸을 구속하고 재산을 몰수하는 등의 형벌을 제정할 땐 신중에 신중을 기해야 합니다. 어떤 행위를 범죄로 단정 지어버리면, 스스로 정화하고 회복할 기회가 사라지기 때문입니다. 물론, 도저히 이해되지 않는 '솜방망이 처벌'은 예외입니다.

　『장자』「천지」편에는 '자고'라는라는 자에게 제후 자리를 권하고자 찾아온 우임금 이야기가 나옵니다.

우임금이 자고를 찾아갔더니 그는 밭을 갈고 있었다. 우임금이 아래쪽으로 서서 물었다.

"옛날 요임금이 천하를 다스릴 때, 선생께서 제후로 계셨습니다. 요임금께서는 순임금께, 순임금님께서는 저에게 천자 자리를 물려주셨는데 그렇게 되자 선생께서는 제후 자리에서 물러나 농사를 짓고 계십니다. 그 까닭이 무엇입니까?"

자고가 말했다.

"옛날 요임금이 천하를 다스릴 때, 백성은 상을 주지 않아도 열심히 일했고, 벌을 주지 않아도 스스로 조심하며 살았습니다. 지금 당신은 상도 주고 벌도 주지만, 백성은 더욱 모질어져 가니 이는 무위의 덕을 저버렸기 때문입니다. 그 대신 사람이 만든 형벌이 창궐하니, 혼란은 이로부터 시작되는 것입니다. 어서 물러가지 않고 뭐 하는 거요? 내 일을 방해하지 마시오!"

자고는 돌아보지도 않고 여전히 밭을 갈았다.

禹往見之, 則耕在野. 禹趨就下風, 立而問焉, 曰 "昔堯治天下, 吾子立爲諸侯 堯授舜, 舜授予, 而吾子辭爲諸侯而耕.

敢問其故何也?

子高曰 "昔堯治天下, 不賞而民勸, 不罰而民畏. 今子賞罰而民且不仁, 德自此衰, 刑自此立, 後世之亂自此始矣. 夫子闔行邪?

261

無落吾事!"

俋俋乎耕而不顧.

장자는 이 이야기를 통해 '상과 벌은 사람 마음을 어지럽히는 불필요한 것'이라고 말합니다. 잠시 장자의 생각을 들여다봅니다.

'잘한 일', '나쁜 일'을 구분 짓고, 잘한 일을 한 사람에게 나라에서 '상'을 내렸습니다. 상을 받은 사람은 이를 가문의 영광으로 여기며, 여기저기 자랑을 합니다. 이에 그를 시기하는 사람이 생기고, 어떤 사람은 그가 상으로 받은 곡식을 탐하기까지 합니다. 결국 상을 받은 사람은 재물을 지키기 위해 곳간을 걸어잠근 뒤 집 밖을 나서지 않았습니다.

상이 아닌 '벌'을 주는 경우는 이보다 더한 혼란을 불러일으킵니다. 그래서 장자는 상과 벌로는 태평성대를 이룰 수 없다고 말한 것입니다.

유속이 느린 하천이나 정체된 바다에 생기는 '녹조'는 용존 산소량을 떨어뜨려 수생 생물의 생존을 위협합니다. 녹조가 번성하는 주원인은 하천으로 유입되는 공장 폐수나 가정 하수입니다. 오염원이 유입되면서 물에 탄소, 질소, 인 등이 늘어나, 물이 스스로 정화할 능력을 잃어버립니다.

어느 날, 인터넷 신문에서 '고효율·친환경 녹조 제거 기술 개발'이라는 제목이 눈에 띄었습니다. 어떤 원리인지 정확히 알지는 못했지만, 제거제를 뿌리면 녹조를 분해할 수 있다는 내용이었습니다. 그런데 기사를 접한 지 수년이 지나도 녹조 문제가 계속되는 것을 보면, 아마도 근본적인 해결법은 아니었던 모양입니다.

그런데 우리는 이미 그 해결법을 압니다. 녹조는 물이 '정상적으로 흐르지 못하는' 하류 지역에 주로 생깁니다. 그렇습니다. '자연스러운 물의 흐름'을 되찾으면, 지금처럼 녹조가 생기지 않을 것이 분명합니다. 그동안 우리는 인위적으로 하천을 파헤치고, 댐을 만들어 물을 가두는 등 지구의 핏줄과도 같은 물길을 제멋대로 흩트려 놨습니다. 수백 년 전 우리나라의 물길과 지금의 물길은 천양지차일 겁니다. 지금이라도 막았던 둑을 허물고, 물이 자연스럽게 흐를 수 있도록 내버려 두어야 합니다. 이렇듯 자연에 인위가 가해지면 사람이 생존을 위협받습니다. 자업자득인 셈입니다.

인생은 굳은 의지로 만들어가는 것이 맞습니다. 그런데 그 의지도 자기 본성을 깨닫고, 본래의 물길을 거스르지 않아야 의미가 있습니다.

상과 벌에 일희일비할 필요 없습니다. 그런 것들은 마음을 어지럽히고, 타고난 본성이라는 물길을 막아버리기 때문입니다.

마흔에 걷는 도의 길

●

기억을 떠올릴 수 있는 가장 어린 시절은 다섯 살 정도입니다. 그 시절, 부모님에게 했던 질문 중 생각나는 말이 있습니다.

"엄마, 어른이 되면 '어른 이름'이 다시 생기는 거야?"

질문의 요지는, 지금 내 이름은 어린이용이고, 어른이 되면 좀 더 고상한 '어른용 이름'을 갖느냐는 것이었습니다. 지금 생각하면 황당한 질문이지만, 그 당시에는 이름마다 느낌과 역할이 있다고 생각했습니다.

단어로 무언가를 표현하면, 그것은 단순히 '그것'이 아닌 특정 '명칭'으로 불립니다. 하나의 개념이 생기고 의미를 부여하는 것입니다. 이름을 붙이면 세상에 없던 새로운 무언가를 만들어내는 듯한 기분마저 듭니다. 그래서 아이들은 인형마다 이름을 지어주고, 심지어 매일 지나는 길목에 서있는 나무에도 이름을 붙여줍니다.

그런데 어른이 된 지금, 어떤 사물이나 현상을 하나의 이름 또는 개념으로 규정짓지 않으려고 노력합니다. 그것은 본래 타고난 본성을 맞지 않는 틀 속에 가둬버리는 일이기 때문입니다.

이제 세상을 있는 그대로 보고, 타고난 본성을 깨달으며, 자연스러운 인생의 흐름을 막지도 틀지도 않습니다. 그렇게 마흔에는 어떤 기준도 없이 자유롭기를 원합니다.

하잘것없는
성취란 없다

'암담한 현실에도 긍정적으로 말하고, 자기가 이룬 성과를 칭찬하는 마음가짐'

때론 이를 '정신 승리'로 치부하기도 하지만, 내면의 힘을 기르는 데 정신 승리만 한 것이 없습니다. 그리고 스스로 칭찬할 줄 아는 사람만이 '비교'와 '자책'으로부터 자유로울 수 있는 법입니다.

『장자』「소요유」편에 나오는 이야기입니다.

> 그곳에 새가 있는데 그 이름이 붕이다. 붕의 등은 태산과 같고, 날개는 하늘에 드리운 구름과 같았다. 붕은 휘몰아치는 회오리바람을 타고 빙빙 돌면서 날개를 펴고 구만리 하늘을 선회

하니, 구름을 가르며 푸른 하늘을 등에 두고 날아올라 남쪽 바다로 날아갔다.

연못가에 있던 작은 새가 이를 보고 비웃었다.

"저 놈은 어디로 가는 것인가? 나는 날개를 활짝 펴 날아올라도 몇 길 지나지 못하고 내려와 쑥대밭 사이를 오락가락 파닥이는데, 이것도 역시 날아다니는 극치이거늘 저녀석은 어디로 가려는 것인가?"

有鳥焉, 其名爲鵬, 背若太山, 翼若垂天之雲. 搏扶搖羊角, 而上者九萬里. 絶雲氣, 負靑天, 然後圖南, 且適南冥也.
斥鷃笑之曰 "彼且奚適也? 我騰躍而上, 不過數仞而下, 翶翔蓬蒿之間, 此亦飛之至也, 而彼且奚適也?"

연못가의 작은 새는 구만리를 나는 붕이라는 새를 보고 주눅 들지 않았습니다. 오히려 비행 능력을 낭비한다며 붕을 비꼬기까지 하니, 내면이 얼마나 강하게 단련된 것인지 가늠이 되지 않을 정도입니다.

중력을 거슬러 대기를 부유하는 '나는 행위'는 아무나 할 수 있는 것이 아닙니다. '날개'라는 신묘한 부위를 달고 태어나야만 가질 수 있는 대단한 능력입니다. 붕처럼 먼 거리를 날지 못해도, 거센 바람을 일으키지 않아도, 작은 새가 난다는 사실에는 변함이 없습니다. 작은 새는 그런 자기 능력을 인정하고 스스로 칭찬할 줄 알았습니다.

작은 성취도 '무無'는 아닙니다. 얻은 것이 있다면 칭찬받아 마땅합니다. 칭찬은 남이 아닌 자기 스스로 할 수 있어야 합니다. 남이 건네는 달콤한 말에 기대어 살다가는 언젠가 내면의 동기가 바닥나고 맙니다.

인생은 단거리 경주가 아닙니다. 누구나 지치지만, 인생이라는 경주에서 완주라는 결과를 얻으려면 끊임없이 자기 마음을 다독이고 응원해 줘야 합니다.

일상 중 단순히 걷는 행위에도 성취는 있습니다. 다양한 높낮이의 지면을 발로 디디며 혈액이 원활히 순환하게 만들고, 다리 근육을 단련할 수 있습니다. 또, 주변 풍경을 감상하며, 변화하는 자연을 온몸으로 느낄 수 있습니다. 방 안에만 있어서는 결코 얻을 수 없습니다.

그러니 잘 먹고, 잘 자고, 잘 걷고, 잘 웃고, 잘 운다면 아낌없이 자신을 칭찬해야 합니다. 셀프 칭찬을 통해 내면의 힘을 길러야 인생이라는 긴 여정을 멈추지 않고 나아갈 수 있습니다.

마흔에 걷는 도의 길

●

배운 것을 내 것으로 만들려면 많은 시간이 필요합니다. 얼마간의 노력으로 비슷한 느낌을 흉내 낼 수는 있지만, 물 흐르듯 자연스러운 태가 나려면 특별한 노력이 필요합니다.

그런 와중에, 한계에 부딪힐 때가 있습니다. 답답한 마음에 관련된 책을 찾아보기도 하고, 전문가의 강의를 듣기도 합니다. 하지만 그럴수록 머릿속은 복잡해지고 지금껏 쌓아온 것들마저 사라져 버릴까 봐 불안합니다. 이때 필요한 것이 바로 '작은 성취에도 자신을 칭찬하는 자세'입니다.

처음 글쓰기를 시작할 때, 다섯 줄을 써 내려가기가 버거웠습니다. 노트에 적힌 단출한 다섯 줄과 책장에 꽂힌 도톰한 책을 번갈아 보며, '책 쓰는 일은 불가능하다'라고 스스로 단정 지었습니다. 그래도 글쓰기를 멈추지 않던 어느 날, 노트를 펼쳤는데 그동안 보지 못했던 도장이 찍혀 있었습니다. 의아한 마음에 자세히 들여다보니, 이렇게 적혀있었습니다.

'참 잘했어요!'

딸아이가 아빠의 노트를 들춰보다가 칭찬 도장을 찍어둔 것이었습니다.

●

힘이 났습니다. 그래서 그날은 글을 쓰고 난 뒤, 칭찬의 말을 곁들여 '참 잘했어요'라는 한 줄을 덧붙였습니다. 그렇게 자신을 스스로 칭찬하기 시작하자, 어느덧 세 번째 책을 쓰고 있습니다.

만약 오늘 하루를 잘 살아냈다면, 자신에게 이렇게 한마디 해주면 어떨까요? '참 잘했어요.'라고.

그렇게 마흔에는 나에게 건네는 칭찬으로 인생을 살아낼 힘을 얻습니다.

흐르는 물에는 얼굴을 비춰볼 수 없다

정신없이 바쁜 일상입니다. 하나를 끝내면 더 큰일이 기다리기에, 좀처럼 쉴 수가 없습니다. 그럴수록 머릿속은 복잡해지고, 마음을 돌볼 시간은 점점 줄어듭니다.

때론 폭풍이 몰아쳐 마음의 호수에 물결이 일고, 여기저기서 떠내려온 고민의 부유물들로 마음은 잿빛이 되어갑니다. 이렇게 뒤죽박죽 헤집어진 마음은 제대로 들여다볼 수 없습니다.

『장자』「덕충부」편에 나오는 이야기입니다.

> 공자가 말하였다.
> "사람은 흐르는 물에 자기 모습을 비춰보지 않고, 멈춰 있는

물에 자기를 비춰봅니다. 오직 고요한 수면이라야 사람을 멈

추게 할 수 있는 것입니다."

仲尼曰 "人莫鑑於流水, 而鑑於止水, 唯止能止衆止."

흐르는 물은 매 순간 크고 작은 물결을 일으킵니다. 그래서 흐

르는 물에 비춰본 사물의 모습은 고정되지 않은 채 기괴하게 일그

러집니다. 수면에 무언가를 온전하게 비춰보려면, 호수와 같이 고

여 있는 물이어야 합니다.

수면을 거울삼는 것이 아닌, 물속을 들여다볼 때도 흐르는 물보

다 고여 있는 물이 좋습니다. 일렁이는 물결은 수면 너머에 있는

수풀이나 물고기의 형상을 제멋대로 흩트려놓기 때문입니다.

마음 또한 물과 같습니다. 이리저리 휘둘리며 일렁이는 마음은

그 속을 들여다볼 수 없습니다. 그뿐만 아니라, 어지러운 마음 표

면에 비친 자기 모습은 이목구비가 제자리를 찾지 못한 기괴한 형

상입니다.

그러니 속마음을 들여다보기 위해서라도, 마음의 표면에 비친

내 모습을 제대로 확인하기 위해서라도 마음을 고요하게 만들어

야 합니다. 그러기 위해서 필요한 것은 의도적인 쉼입니다.

'한숨'은 길게 몰아서 내쉬는 숨입니다. 대개 근심이 있을 때, 해결되지 않은 일을 붙잡고 늘어질 대로 늘어지다 막막함에 터져 나오는 숨을 의미합니다.

그렇다면 한숨은 되도록 참아야 하는 걸까요?

지금 당장 한숨을 내쉬어 보십시오. 숨을 깊이 들이쉬고 천천히 내뱉는 호흡만으로도 몸과 마음이 안정되는 것을 느낄 수 있습니다. 한숨은 시간과 장소에 구애받지 않고 휴식을 취할 가장 효율적인 방법입니다.

바쁘게 보내는 일상 중에 의도적인 쉼을 갖기란 쉬운 일이 아닙니다. 빡빡한 일정으로 채워진 휴가는 몸과 마음을 지치게 할 뿐입니다. 이런 허울뿐인 휴식보다 일상에서 내쉬는 한숨이 몸과 마음을 쉬게 합니다.

그러니 긍정의 기운을 담은 한숨은 되도록 많이 내뱉는 것이 좋습니다. 긴 한숨 끝에 들이마시는 신선한 공기가 머리를 맑게 해주고, 마음의 호수에 이는 물결을 가라앉혀 줄 테니 말입니다.

마흔에 걷는 도의 길

●

무언가에 열과 성을 다하면, 어느 수준까지는 무리 없이 진전됩니다. 그런데 매일 반복하는 연습이나 노력이 무색할 정도로 실력이 정체되는 순간이 있습니다. 바로 '슬럼프'입니다.

슬럼프를 극복하는 사람은 그동안의 노력이 한꺼번에 발현되어 전에 없던 성장을 이룹니다. 반면, 그대로 주저앉아 쉽게 일어서지 못하는 사람이 있습니다. 이렇듯 슬럼프는 위기이자 기회인 셈입니다.

슬럼프를 극복하는 방법은 아이러니하게도 더 매진하는 것이 아닌, 한 발짝 떨어져 매몰된 마음을 쉬게 하는 것입니다. 온전하게 쉴수록 슬럼프를 극복할 가능성은 커집니다.

슬럼프에 빠진 사람은 누구보다 성실하게 실력을 갈고닦은 사람이기에, 더 이상의 노력은 의미가 없습니다. 몸과 마음을 쉬게 하고, 그렇게 되찾은 고요함으로 천천히 문제점을 찾는 것이 유일한 해결책입니다.

글쓰기의 매력은 '퇴고'에 있습니다. 매력이라고 표현했지만, 퇴고의 과정은 지난한 고통의 시간이기도 합니다. 자기가 쓴 글이지만 수십 번을 읽고 또 읽다 보면, 도무지 무엇이 좋고 나쁜지 구분할 수 없는 때가 옵니다. 일종의 '글쓰기 슬럼프'인 것입니다. 그럴 땐, 책상 서랍에 글 뭉치를 넣어두고는 존재 자체를 잊을 때까지 내버려 둡니다.

한참이 지나 내용이 떠오르지 않을 때쯤 다시 글을 읽기 시작합니다. 그렇게 읽는 글에는 신선함이 느껴집니다. 글도 내 마음도 잔잔해졌기 때문에 가능한 일입니다. 고요해진 글에 비로소 내 마음이 온전하게 머무르는 것입니다.

그렇게 마흔에는 쉼을 통해 고요한 마음으로 살아갑니다.

인생에 낭만을
더하라

"말도 안 되는 소리 하지 마."

세상을 잘 모르던 시절에 자주 하던 말입니다. 불가능해 보이는 일이나 자기가 정해둔 기준에 한참 벗어난 일은 말로 표현할 수 없을 정도로 터무니없어 보입니다. 그런데 나날이 발전하는 기술은 그 터무니 없다고 여긴 일들을 하나둘 실현합니다.

앞으로 뻗어나가는 삶을 만나려면 '말도 안 되는 소리'가 필요합니다. 그런데 평소 자신이 정해둔 온갖 기준들로 인해 그런 말을 내뱉기가 쉽지 않습니다. 어린아이를 생각해 보면, '어쩜 저렇게 엉뚱할 수 있을까'라는 생각이 절로 듭니다. 우리가 배워야 할 것은 아이들의 이러한 순수함입니다.

어른이 된 우리에게 그 순수함은 '낭만'이라는 표현으로 대체할 수 있습니다. 현실에 매이지 않고 감성적인 분위기를 만끽하는 사람은 '말도 안 되는 지금'을 '말이 되는 미래'로 바꿀 힘이 있습니다.

『장자』「추수」편에 나오는 이야기입니다.

> 혜자와 호수濠水 돌다리 위에서 노닐다가, 장자가 말했다.
>
> "피라미가 한가롭게 헤엄치는군, 이것이야말로 물고기의 즐거움이야!"
>
> 혜자가 말했다.
>
> "자네는 물고기가 아닌데, 물고기가 즐겁다는 것을 어찌 안단 말인가?"
>
> 장자가 말했다.
>
> "자네는 내가 아닌데, '내가 물고기의 즐거움을 알지 못한다는 것'을 어찌 안단 말인가?"
>
> 혜자가 말했다.
>
> "나는 자네가 아니니, 자네를 알 리가 없지 않나? 자네가 물고기가 아닌 것이 분명하니, 자네가 물고기의 즐거움을 모르는 것은 당연하네."
>
> 장자가 말했다.

"이야기의 처음으로 돌아가 보세. 자네가 처음에 '네가 어찌 물고기의 즐거움을 아느냐'고 말한 것은, 자네는 이미 내가 물고기의 즐거움을 안다는 것을 알고 나에게 물었던 것일세. 나는 지금 호수의 다리 위에 서서 물고기와 함께 즐기기에 그 물고기의 마음을 아는 것이네."

莊子與惠子遊於濠梁之上.

莊子曰 "儵魚出遊從容, 是魚之樂也!"

惠子曰 "子非魚, 安知魚之樂?"

莊子曰 "子非我, 安知我不知魚之樂?"

惠子曰 "我非子, 固不知子矣. 子固非魚也, 子之不知魚之樂, 全矣."

莊子曰 "請循其本. 子曰 '汝安知魚樂' 云者, 旣已知吾知之而問我, 我知之濠上也."

혜자가 요즘 유행하는 성격 유형 검사를 받았다면, 분명 사고형인 T에 해당했을 겁니다. 반면, 물고기의 감정까지 읽는 장자는 감정형인 F였을 테고요. 각자 고유의 성격을 타고나는 것이기에, 무엇이 더 낫다고 할 수 없습니다. 혜자는 현실적인 대안으로 문제를 빠르게 해결하는 사람일 테고, 장자는 터무니없지만 즐거움을 곁들인 낭만적인 삶을 살아가는 사람입니다.

다만, 한 가지 확실한 것은 말도 안 되는 소리를 현실로 만들려면 그 말도 안 되는 소리를 할 줄 알아야 한다는 점입니다. 그러기 위해서 필요한 것이 바로 '어른의 낭만'입니다.

낭만은 팍팍한 현실을 살맛 나는 곳으로 탈바꿈시키는 마법의 주문입니다. 같은 징검다리 위에서 같은 호수를 바라보는 두 사람이 전혀 다른 상황과 마주하는 모습만 봐도 알 수 있습니다.

장자는 잔잔한 호수에 이는 물결을 바라보며 마음의 평정을 찾습니다. 그러다가 이리저리 방향을 바꿔가며 헤엄치는 물고기 한 마리를 보게 됩니다. 장자는 자유롭게 헤엄치는 물고기의 즐거움을 상상하며 입가에 미소를 머금습니다.

반면, 혜자는 어떤가요. 장자가 내뱉은 혼잣말이 이치에 맞지 않는다며 매섭게 쏘아붙입니다. 다리 위의 멋진 절경 대신 장자의 뒤통수만을 바라보면서 말입니다.

누구나 즐거운 삶을 꿈꾸지만, 그 과정은 녹록지 않습니다. 때론 시련을 견디고 극복하는 과정이 인생이라는 생각마저 들기도 합니다. '다들 겪는 일이잖아.'라며 스스로 위로하기에는 마음이 버거운 것도 사실입니다.

그럴 땐 삶에 낭만을 더해봅니다. 불가능을 가능으로, 그리고 지금의 현실을 즐거움으로 바꿔줄 마법의 주문을 외우면서 말입니다.

마흔에 걷는 도의 길

●

인터넷 기사를 보던 아내가 달려와 말합니다.

"여보, 이것 좀 봐. 이게 진짜로 나왔네?"

스마트폰 화면을 들여다보니, 한 치킨집 소개 글이 있었습니다. 기사의 주 내용은 사장님이 손님들에게 제공하는 비닐장갑이었는데, 정확히는 손가락 비닐장갑이었습니다. '손가락 비닐장갑'은 치킨을 집는 데 사용하는 엄지와 검지 부분만 있는 형태였습니다. 사장님은 독특한 장갑에 대한 손님들의 반응이 좋다며, 특허등록을 생각 중이라고 이야기했습니다.

아내가 기사를 보여준 이유는 몇 년 전 내가 아내에게 우스갯소리로 손가락 비닐장갑에 관한 이야기를 한 적이 있기 때문입니다. 그때, 아내는 여지없이 "말도 안 되는 소리 하지 마."라며 웃어넘겼습니다.

마흔에는 삶에 엉뚱함을 더하려고 노력합니다. 엉뚱함을 낭만이라는 이름으로 부르고, 말도 안 되는 일을 현실로 만들기 위해서 말입니다.

걱정 빼기 인문학의 힘

　장자를 읽던 어느 날, 문득 '장자는 어떻게 생겼을까?'라는 생각
이 들었습니다. 모르긴 몰라도 자연의 흐름에 따라 살고자 했던 장
자는 꾸밈없는 사람이었을 겁니다. 사람들 눈에는 오히려 그런 유
연함이 무엇을 걸쳐도 어울리는 모습으로 비치지 않았을까요?

　손질하지 않은 머리에 허름한 옷을 걸쳐도 신비로운 분위기를
풍기는 장자의 모습을 상상해 봅니다. 그리고 내 삶도 장자를 닮아
가, 걱정을 덜고 유연하게 흘러가기를 소망합니다.

　『장자』「천지」편에는 사람의 본성을 어지럽히는 다섯 가지에 관
한 이야기가 나옵니다.

무릇 사람의 본성을 잃게 하는 다섯 가지가 있는데, 그 첫째는 다섯 가지 빛깔이 눈을 어지럽혀 눈으로 하여금 볼 것을 못 보게 하는 것이요, 둘째는 다섯 가지 소리가 귀를 어지럽혀 귀로 하여금 들을 것을 못 듣게 하는 것이요, 셋째는 다섯 가지 냄새가 코를 자극하여 코가 막히게 하고 머리를 아프게 하는 것이요, 넷째는 다섯 가지 맛이 입을 흐려 입으로 하여금 미각을 잃게 하는 것이요, 다섯째는 분별의 기능이 마음을 어지럽혀 본성을 흩어지게 하는 것이다.

且夫失性有五. 一曰五色亂目, 使目不明. 二曰五聲亂耳, 使耳不聰. 三曰五臭薰鼻, 困惾中顙. 四曰五味濁口, 使口厲爽. 五曰趣舍滑心, 使性飛揚.

장자는 본성을 어지럽히는 것들을 멀리해야 제대로 보고, 듣고, 맡고, 맛보고, 생각할 수 있다고 말합니다. 지금보다 삶이 단조로웠던 2천5백 년 전에도 사람의 마음을 어지럽히는 것들이 많았나 봅니다.

우리는 너무 많은 것을 보고, 듣고, 맡고, 맛보며 살아갑니다. 이제 웬만한 자극에는 표정 하나 변하지 않습니다. 초 단위로 추천되는 콘텐츠는 그런 흐름을 더욱 부추깁니다. 그래서 사람들은 조금 길다 싶은 글이나 영상에는 접근조차 하지 않습니다.

두고두고 마음속에 간직해야 하는 문장은 몇 초간 화면에 떴다 사라지는 자극적인 문구가 아닙니다. 직접 고른 책을 펼쳐, 내용을 음미하며 읽어 내려가는 중에 찾아낸 보석 같은 문장이야말로 인생의 지혜가 됩니다.

형형색색의 모습을 하고, 달콤한 향기를 풍기는 것들은 모두 허울뿐인 가짜입니다. 제대로 보고, 듣고, 맡고, 맛보려면 거짓된 자극을 줄이고 자연의 흐름에 따라 살아야 합니다. 때론 그런 인생이 지루하고, 세련되지 않아 보일 수도 있습니다. 하지만 자연을 따르는 삶의 정점에 섰던 장자는 결코 지루하거나 재미없는 사람이 아니었습니다. 오히려 그는 무엇을 걸쳐도 태가 나고, 무엇을 이야기해도 막힘이 없는 사람이었습니다.

돈을 많이 벌고 명예를 얻으면 세상살이가 편해집니다. 그런데 세상에서 일어나는 행복한 일 가운데 80%는 돈과 관련이 없습니다. 돈이 많은 만큼 행복이 많아지는 것은 아닙니다. 부와 명예. 이런 것들이 우리의 눈을 가리고 귀를 막아, 봐야 할 것을 보지 못하게 하고, 들어야 할 것을 듣지 못하게 합니다. 오히려 가진 것을 몽땅 잃어버렸을 때 진짜 소중한 것이 눈에 들어오는 법입니다.

이제 장자를 만나 걱정을 보태는 삶이 아닌, 걱정을 덜어내는 삶을 살아갑니다. 결국, 걱정을 더하는 것도 더는 것도 남이 아닌 자기 자신이었습니다. 눈을 감고 자연의 흐름을 느끼는 순간, 마음속 걱정 한두 가지는 당장 덜어낼 수 있습니다.

자연의 흐름을 따르면 그 어떤 한계도, 규칙도 의미가 없습니다. 폭풍이 몰아치다가 순풍이 불기도 하고, 천둥번개가 내리치다가 아무 일 없었다는 듯 화창해지는 것이 자연입니다. '정해지지 않음'이 자연의 법칙인 셈입니다.

지금 가슴에 자리 잡은 걱정은 대부분 일어나지 않을 일이거나 생각만큼 심각한 일이 아닙니다. 아니, 오히려 곧이어 찾아올 행운의 발판이 되는 일인지도 모릅니다. 생각의 범위를 한계가 없는 자연으로 확장해 나가면 걱정은 사라지고, 그 빈 곳을 행복으로 채울 수 있습니다.

마흔에 만난 장자는 마음 밭에 지혜의 싹을 틔웠습니다. 이제 그 싹에 햇볕을 쬐어주고 양분을 주어 나만의 꽃을 피울 수 있길 바라봅니다.

마흔 고비에 꼭 만나야 할 장자

펴낸날 2025년 4월 15일 1판 1쇄

지은이 이길환
펴낸이 김영선
부대표 김대수
편집주간 이교숙
교정·교열 정아영, 나지원, 이라야, 남은영
경영지원 최은정
디자인 검정글씨 민희라
마케팅 신용천

펴낸곳 이든서재
주소 경기도 고양시 덕양구 청초로 10 GL 메트로시티한강 A동 20층 A1-2002호
전화 (02) 323-7234
팩스 (02) 323-0253
홈페이지 www.mfbook.co.kr
출판등록번호 제 2-2767호.

값 18,800원
ISBN 979-11-989346-6-6(03150)

이든서재와 함께 새로운 문화를 선도할 참신한 원고를 기다립니다.
이메일 dhhard@naver.com (원고 투고)